**빙하를 보면
지구가 보여**

빙하를 보면 지구가 보여

신방실 지음

매머드 멸종부터 기후 난민까지

다른

짠!

앉은자리에서
뚝딱 끝낼 수 있는
과학 시리즈가 여기 왔다!

짧고 굵고 빠삭하게, 최신 과학을 과자처럼

오늘도 가볍게
완독!

<오도독> 시리즈의 출간 소식을
누구보다 빠르게 인스타그램에서 확인하세요!

빙하가 사라지면
어떤 일이 일어날까?

푸른빛 얼음 속에 숨은
지구의 미래를 찾아

함께 탐험을 떠나 보자!

 1장

빙하가 타임캡슐이라고?

#빙하기 #빙하 #해빙 #빙퇴석
#드럼린 #빙하 코어 #멸종 동물

틈새 토론

지구가 보내 온 무서운 경고

#스웨이츠 빙하 #기후 변화 #그린란드
#탄소 배출 #멸종 위기종 #생태계 변화

틈새 토론

차례

3장

빙하는 우리의 미래다

#1.5도 온난화 #해수면 상승 #기후 난민
#기후 재난 #제3극 #영구 동토층

틈새 토론

기후 변화에서 빙하를 지켜라!

#북극 증폭 #툰드라 그리닝 #탄소 중립
#지구 공학 #재생 에너지 #블루카본

틈새 토론

빙하가 타임캡슐 이라고?

#빙하기　#빙하　#해빙　#빙퇴석

#드럼린　#빙하 코어　#멸종 동물

극지방의 대륙 빙하,

빙상

지구는 수백만 년 전부터

여러 차례 빙하기를 겪었어.

지금 극지방의 오래된 빙하는

빙하기 시절부터 이어져 온 거야.

빙하는 단순한 얼음덩어리가 아닌 거지!

빙하는 **과거 지구의 기후와 환경 변화를**

고스란히 기록하고 있는 타임캡슐이거든.

아주 오래된 눈이 푸른빛 빙하로

빙하를 눈앞에서 보면 어떨까? 아마 가슴속까지 시원해질 거야. 빙하는 아주 오래전에 내린 눈이 쌓여서 만들어진 거야. 처음에는 푹신한 눈송이였지만 수백 년, 수천 년 동안 눈이 녹지 않고 쌓인다면 정말 무거워지겠지? 맞아. 엄청난 압력으로 눈덩이가 다져지면 만년설이 되었다가 단단한 얼음 결정이 돼. 얼음이 쌓여 무게가 무거워지면 중력 때문에 고체 상태에서도 서서히 흘러내려. 이렇게 움직이는 거대한 얼음덩어리를 빙하라고 불러.

그렇다면 빙하는 어디에 있을까? 일단 우리나라는 아니지. 겨울에 아무리 눈이 많이 와도 봄 햇살이 쏟아지면 순식간에 녹아 버리니까. '봄눈 녹듯 사라진다'라는 말도 있잖아. 눈이 사계절 녹지 않고 쌓여서 빙하가 되려면 일단 날씨가 추워야겠지? 위도가 높은 극지방이나 고도가 높은 고산 지대여야 해. 실제로 전 세계 빙하의 91%는 남극에, 8%는 그린란드에 있어. 나머지 1%는 알래스카와 캐나다 같은 북극권과 아시아의 히말라야산맥, 남미의 안데스산맥, 유럽의 알프스산맥 등 높은 산지에 있어.

얼음은 투명한데 빙하는 왜 푸른빛으로 보일까? 그 것은 바로 빙하의 성분이 눈이기 때문이야. 눈이 쌓이는 과정에서 공기 방울이 포함되고 서서히 압축되는데, 이 때 얼마나 많은 공기 방울이 포함되었느냐에 따라 빛 반사율이 달라져. 물체가 색을 띠는 이유는 가시광선의 특정한 파장을 선택적으로 흡수하고 반사하기 때문이거든. 인공적으로 공기 방울 없이 물 분자로만 얼린 얼음은 모든 빛이 통과하고 투명하게 보여. 냉동실 얼음은 공기가

푸른빛 빙하

빠져나가기 전에 얼어서 불투명하지만 말이야.

　먼저 빙하의 표면을 볼까? 빙하 표면은 아직 단단하게 얼지 않은 눈으로 덮여 있어. 공기 방울도 많고 거칠어서 빛을 많이 반사해. 그래서 우리 눈에 하얗게 보여. 반면 빙하 내부의 오래된 얼음일수록 표면이 매끄럽고 공기 방울이 적어서 눈보다 반사율이 떨어져. 빙하는 가시광선 가운데 파장이 긴 붉은색은 흡수하고 파장이 짧은 푸른색은 여러 방향으로 반사해 푸르게 보여. 새로 쌓인 눈일수록 눈부신 하얀색으로 빛나고 오래된 빙하일수록 푸른빛이 짙어져. 바다가 푸른색으로 보이는 것도 같은 이유야.

　그러면 하늘이 파랗게 보이는 것은 어떨까. 태양 빛이 지구 대기를 통과하는 과정에서 파장이 긴 붉은색은 그대로 통과하고 파장이 짧은 푸른색이 공기 입자와 부딪혀 흩어지기 때문이야. 그러나 저녁이 되면 태양 빛이 이동하는 거리가 낮보다 길어지면서 단거리 선수인 푸른색은 중간에 흩어져 버리고 장거리에 강한 붉은빛만 도달해 붉은 노을을 만들어 내. 지구와 가까운 달에는 공기가 아예 없어서 빛의 산란이 일어나지 않아. 그래서 하늘이 까맣게 보이지.

빙하도, 바다도, 하늘도 온통 푸른빛인 것은 자연의 선택일까? 아니면 우연일까? 만약 온통 붉은빛이었다면 어땠을까? 아무튼 말로 표현하기 힘들 만큼 오묘하고 아름다운 빛깔의 빙하와 바다와 하늘을 누리게 해준 지구의 센스를 칭찬해.

빙하는 존재 자체로 신비롭고 아름답지만, 그보다 중요한 사실이 있어. 바로 엄청난 양의 민물을 가두고 있다는 거야. 푸른 별 지구는 물의 행성으로 불리지만 바닷물이 97.5%나 차지하고 있어. 우리가 마실 수 있는 민물은 2.5%에 불과한데 대부분 빙하 상태로 꽁꽁 얼어 있단다. 호수와 강, 지하수 등 민물을 모두 합쳐도 1%에 미치지 못해. 빙하는 지구에 존재하는 민물의 대부분을 가둬두고 있다고 보면 돼. 빙하가 인류의 생존에 얼마나 절대적인 존재인지 알겠지?

아시아의 히말라야산맥과 티베트고원 주변은 해발고도 4,000m에 가까운 고지대야. 극지방 다음으로 빙하가 많은 곳이시. 시구에 손재하는 담수의 16% 정도가 갇혀 있는 것으로 추정돼. 해마다 빙하가 일정하게 녹았다

얼었다를 반복하면서 고산 지대 주민에게 생명 줄 역할을 하고 있어. 빙하 녹은 물은 인도의 갠지스강과 인더스강, 네팔, 중국으로 흘러가. 수억 명의 사람들이 이 물에 기대어 살아가고 있지. 말 그대로 빙하수를 마시는 거야.

빙하기와 인류의 탄생

지구가 집채만 한 얼음덩어리로 덮여 있던 빙하기에 대해 들어 봤니? 빙하기라는 이름에서 알 수 있듯 그때는 중위도까지 빙하가 존재했어. 지금은 극지방이나 고위도에서만 빙하를 볼 수 있는데 말이야. 현재 우리가 보고 있는 빙하는 바로 빙하기 때 지구를 덮고 있던 빙상의 흔적이야. 빙하가 하루아침에 탄생한 게 아니라 수만에서 최대 수백만 년 전에 만들어졌다는 뜻이지. 빙상은 남극과 그린란드 지역을 덮은 거대한 대륙 빙하를 부르는 이름이야.

　지구의 역사에는 혹독한 추위 속에 빙하가 넓게 퍼져 나가는 빙하기와 날씨가 풀리면서 빙하가 녹아내리는

간빙기가 수만 년 주기로 번갈아 왔어. 마지막 빙하기가 언제였냐고? 약 258만 년 전인 신생대 제4기 플라이스토세로, 지금으로부터 약 1만 2,000년 전에 끝났지. 당시 지구의 평균 기온은 지금보다 5도가량 낮았어. 캐나다와 미국의 오대호 연안, 북유럽과 시베리아, 아시아의 몽골까지 광범위하게 빙하가 확장했어. 한반도는 일본과 빙하로 연결돼 있었고 얼어붙은 베링해가 시베리아와 알래스카를 육지처럼 이어 줬어. 세계 지도가 지금과 많이 다른 모습이었겠지?

남극 대륙에는 엄청난 눈이 쌓였고 인도판과 아시아판이 충돌하며 솟아오른 히말라야산맥에도 눈 폭풍이 몰아쳤어. 하얀 눈과 얼음은 태양 에너지를 대부분 반사하기 때문에 지구는 점점 더 추워졌지. 육지 면적 3분의 1을 빙하가 뒤덮었던 시절도 있을 만큼. 그런데 빙하기라고 해서 수십만 년 내내 추운 것은 아니야. 중간중간에 1만 년에서 3만 년 정도의 짧은 간빙기가 찾아오기도 하거든.

빙하기 하면 거대한 매머드가 떠오른다고? 멋진 생각이야. 2007년 러시아 북서쪽의 영구 동토층에서 아기 매머드 화석이 발견됐어. 영구 동토층은 2년 이상 녹지 않고 얼어 있는 땅이야. 대부분은 고위도에 분포하지. 매머드 화석은 털과 가죽뿐만 아니라 장기까지 보존된 상태였어. 혹독한 추위 때문이었겠지? 매머드가 죽은 시기는 3만 7,000년 전으로 추정됐는데 바로 신생대 제4기의 플라이스토세야.

빙하기에 번성했던 동물로는 매머드와 검치호랑이 등이 있어. 중생대 공룡의 시대가 끝나고 찾아온 신생대는 그야말로 포유류의 시대였지. 몸속에 따뜻한 피가 흐르는 포유류 말이야. 하지만 빙하기를 누비던 동물들이 플라이스토세 말기에 돌연 멸종하고 말았어. 같은 시기에 생존 경쟁을 하던 인류의 과도한 사냥 때문이라거나 온난해진 기후에 서식지가 줄었을 것이라는 등 다양한 이론이 제기되고 있어. 여러분은 어떻게 생각해?

영화를 보면 눈 덮인 풍경 속에 원시인이 창을 던지며 매머드를 사냥하는 장면이 나오는데, 허구가 아니라 실제로 그랬어. 인류 역사는 빙하기와 함께했거든. 최초의 인류라고 불리는 오스트랄로피테쿠스는 플라이스토세 전기까지 살았어. 오스트랄로피테쿠스는 유인원과 인류의 중간 단계로 '남쪽의 유인원'이라는 뜻을 지니고 있지. 그러나 유인원과 달리 직립 보행을 시작했고 두 손이 자유로워졌어. 도구를 사용할 여지가 생겨난 건데 이것은 인류의 진화를 이끈 엄청난 원동력이 됐어.

호모 사피엔스는 약 20만 년 전 플라이스토세 후기에 등장했어. '슬기로운 사람'이라는 이름처럼 혹독한 빙하기를 견뎌 내고 현생 인류의 조상이 됐지. 도구 사용에 능한 데다 서로 유대하고 협력했던 호모 사피엔스는 7만 년 전부터 아프리카를 떠나 전 세계로 퍼져 나갔어. 변덕스러운 기후를 피해 생존에 적합한 곳으로 이주를 시작한 거야. 날씨가 좋았다면 굳이 고향을 떠날 필요가 없었겠지? 호모 사피엔스는 매서운 기후와 싸우며 환경 적응력이 높아졌고 지구의 모든 기후 조건에서 살아남은 유일한 인류가 됐어.

끝이 보이지 않던 빙하기는 1만 2,000년 전을 기점으로 물러가고 지구가 점차 따뜻해지기 시작했어. 플라이스토세가 지나고 온화한 간빙기에 접어든 거지. 바로 우리가 살고 있는 신생대 제4기 홀로세야. 홀로세는 그리스어로 '완전히 새로운 시대'를 의미해.

그 이름처럼 유럽 대륙을 덮고 있던 두꺼운 빙상이

녹고 얼음 녹은 물 때문에 해수면이 1m 이상 높아졌어. 영국과 프랑스 사이에 도버 해협이 생겨나고 한국과 일본 사이에도 대한 해협이 만들어졌지. 미국과 캐나다에 걸쳐 있는 오대호가 생긴 것도 이때야. 호수와 바다의 시대라는 별명을 붙여도 될 것 같아. 인류에게 유리한 기후 덕분에 현대 문명의 발단이 된 농업이 시작됐고, 그것은 신석기 혁명을 불러왔지.

빙하기와 간빙기가 반복된 원인

지구가 얼음으로 덮였다가 다시 녹았다가 하는 현상은 정말 거대한 변화야. 빙하기에 처음 지구에 등장한 인류의 조상은 언제 추위가 끝날지 몰라 절망적이었을 거야. 긴 주기로 변하는 기후를 당시 인류는 미리 내다보기 힘들었을 테니까. 그러나 지금 인류는 아주 오래전부터 지구에 주기적인 기후 변동이 있었다는 것과 그 원인을 과학적으로 규명할 수 있어.

　지구의 역사에서 빙하기와 간빙기는 상당히 규칙적

으로 반복돼 왔어. 그 이유는 일정한 주기로 반복되는 천문학적 변화 때문이지. 첫 번째 요인은 태양 주위를 공전하는 지구의 궤도 변화, 두 번째는 지구 자전축의 변화, 세 번째는 지구의 세차 운동이야.

지구는 완벽한 원이 아니라 약간 찌그러진 원처럼 생긴 타원 모양으로 태양 주위를 돌고 있어. 지구의 공전 궤도는 원과 거의 가까운 모양에서 타원 모양으로 변했다가 다시 원과 가까운 모양으로 돌아오는데 그 주기가 10만 년이야. 당연히 태양과 가까이 있으면 많은 복사 에너지를 받고 멀리 떨어지면 적게 받겠지. 지구의 공전 궤도가 10만 년 주기로 변할 때마다 추운 시기와 따뜻한 시기가 번갈아 찾아왔어.

지구 자전축 역시 한자리에 고정돼 있는 게 아니라 그 기울기가 22.1도에서 24.5도까지 변해. 변화폭이 2.4도에 달하는데 우리가 살아가면서 전혀 느낄 수 없는 이유는 뭘까? 이러한 변화가 4만 1,000년을 주기로 느리게 일어나기 때문이야. 지금은 지구 자전축 기울기가 점점 줄어들고 있는데 그 말은 서늘한 여름과 따뜻한 겨울이 온다는 뜻이지. 반대로 지구 자전축 기울기가 점점 커지면 여름이 더 뜨거워지고 겨울은 더 추워지게 돼.

마지막으로, 세차 운동은 지구의 자전축이 팽이처럼 돌면서 회전하는 것을 뜻해. 2만 6,000년을 주기로 한 바퀴씩 돌면서 지구 자전축이 가리키는 방향이 변해.

우리 머리 위에서 벌어지는 세 가지 어마어마한 변화가 합쳐져 지구에 들어오는 열의 양이 줄거나 늘었고 그 결과 빙하기와 간빙기라는 서로 다른 기후 시대를 불러온 거야.

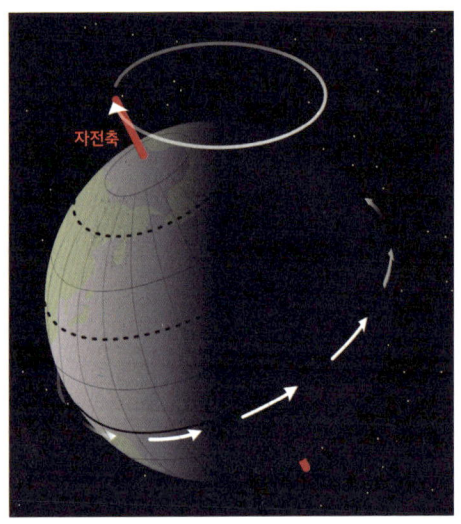

지구의 세차 운동

1914년 세르비아의 수학자 밀루틴 밀란코비치는 수만 년 주기로 변하는 지구 궤도의 모양, 자전축의 기울기 변화, 세차 운동이 기후 변동을 불러온다는 주장을 〈빙하 시대에 관한 천문학적 고찰〉이라는 논문으로 발표했어. 그가 펼친 주장은 '밀란코비치 이론'으로 불리게 되었는데 세 가지 주기 모두 실제 기후가 변화하는 주기와 맞아떨어져 압도적인 지지를 받았지. 지금이야 남극이나 그린란드의 오래된 빙하를 추출해 과거의 기후를 알아낼 수 있게 됐지만 110년 전 과학자가 계산만으로 지구의 자연적인 기후 변동을 정확히 예견하다니 정말 소름 끼칠 정도야.

빙하의 형제들을 소개합니다

그냥 보기에는 똑같은 얼음인데 부르는 이름이 왜 이렇게 많은 거야? 북극의 해빙이나 남극의 빙상이 녹고 있다거나 빙산이 부너져 내렸다거나 빙붕이 붕괴했다는 뉴스를 한 번쯤 본 적이 있을 거야. '빙산의 일각'이라는 말도

들어 본 적 있지? 빙하와 해빙, 빙상, 빙붕, 빙산, 유빙은 도대체 뭐가 다를까.

일단 극지방에 있는 얼음덩어리는 크게 빙하와 해빙으로 나눌 수 있어. 빙하는 눈이 쌓여서 만들어진 얼음이고 해빙은 바닷물이 꽁꽁 얼어서 만들어진 얼음이야. 빙하는 다시 빙상과 빙붕으로 구분할 수 있단다.

빙상은 남극이나 그린란드 같은 대륙에 넓게 펼쳐진 거대한 얼음 평원인데 그 면적이 보통 넓은 게 아니야. 빙상이라고 부르는 기준은 5만km² 이상이야. 한반도 면적이 22만km²니까 4분의 1 정도 크기라고 보면 돼. 빙상은 면적뿐만 아니라 두께도 엄청나. 남극 대륙의 빙상은 평균 두께가 2.4km에 이르고 최대 5km 두께의 빙상도 있단다. 우리나라에서 가장 높은 산인 백두산(2.744km)과 비교하면 얼마나 높은지 짐작할 수 있겠지?

거대한 빙상에서 바다로 뻗어 나와 길게 이어진 부분을 빙붕이라고 불러. 빙붕은 파도가 강하게 치거나 바닷물이 뜨거워졌을 때 육지의 빙상을 보호해 주는 역할을 해. 빙붕이 없었다면 육지의 빙상이 녹거나 부서지는 속도가 더 빨라졌을 거야. 그래서 빙붕은 빙상을 지켜 주

빙하에 속하는 빙상(위)과 빙붕(아래)

는 안전판이자 호위 무사로 불려.

빙붕이 떨어져 나오면 바다를 떠도는 빙산이 돼. 해수면 위로 5m 이상 솟아 있으면 빙산으로 분류해. 크기가 그보다 작으면 유빙이라고 부르는데, 2017년 남극의 라르센 C 빙붕이 붕괴하면서 많은 빙산과 유빙이 쪼개져 나왔지.

빙하와 빙상, 빙붕, 빙산, 유빙에 대해 개념을 익혔다면 이제 해빙에 대해 살펴보자. 해빙은 빙하와 태생부터 달라. 빙하의 성분이 육지에 쌓인 눈이라면 해빙은 바닷물이 얼어서 만들어지거든. 하지만 빙하와 해빙을 모두 먹어 보면 맹물 맛이 날 거야. 바닷물이 얼더라도 소금 성분은 쏙 빼고 민물만 얼기 때문이야.

빙하와 해빙의 결정적인 차이는 해수면 상승에 영향을 주느냐, 아니냐에 있어. 기후 위기로 육지의 얼음인 빙하가 녹으면서 전 세계 해수면이 빠르게 상승하고 있지. 하지만 해빙은 원래부터 바닷물이었기 때문에 해빙이 녹아도 해수면 상승에 영향을 미치지 않아. 마치 물잔에 띄운 얼음이 녹아도 물이 넘치지 않는 것처럼.

해빙은 빙상만큼 두껍지는 않지만, 수년간 성장한

바닷물이 얼어 만들어진 해빙

다년생 해빙은 그 두께가 20m 안팎이야. 여름철 북극의 해빙 표면에는 따뜻한 날씨 때문에 물웅덩이가 생겨. 이곳에 미세 조류와 동물성 플랑크톤이 서식하고 해빙이 녹으면 바다로 흘러 들어가 북극 바다의 대구 같은 물고기의 먹이가 되지. 북극곰은 해빙 위에서 사냥하고 남극의 황제펭귄은 두꺼운 해빙 위에서 새끼를 낳고 키우며 생존해 왔난다. 해빙은 극지의 생태계를 유지하는 아주 중요한 존재야.

빙하가 만든 지형, 빙퇴석과 드럼린

빙하 주변을 자세히 살펴보면 거친 암석과 돌멩이들이 쌓여 있는 경우가 많아. 산 정상에서 빙하가 흘러 내려오면서 골짜기를 침식하고 이 과정에서 나온 흙더미와 암석이 함께 운반되기 때문이야. 빙하는 고체 상태지만 마치 액체처럼 흐르는 유동성을 가지고 있어. 빙하 내부에 변형이 생기거나 지면과 닿아 있는 부분이 녹으면서 미끄러지는 거지. 극지방은 날씨가 춥기 때문에 빙하가 움직이는 속도가 1년에 고작 1~2cm 수준으로 느려. 하지만 온대 고산 지방의 빙하는 하루에 수십 cm나 움직이기도 해. 이렇게 빠르게 이동하는 빙하는 흐르는 물과 마찬가지로 지면을 침식하고 흙이나 모래 같은 퇴적물을 낮은 지대로 운반해 지형을 변화시켜.

빙하가 골짜기를 따라 움직이며 몰고 온 퇴적물을 빙퇴석이라고 부르고 빙퇴석이 쌓여서 만들어진 지형을 빙퇴석 지형이라고 불러. 빙퇴석이 골짜기 옆면에 퇴적돼 있으면 측퇴석이라고 하고 빙하들이 합류한 곳에 있으면 중앙 퇴석, 빙하의 가장 끝부분에 있으면 종퇴석이

빙하가 녹으며 흙과 돌이 쌓여 만들어진 빙퇴석 지형

라고 부르지. 위치에 따라 이름은 다르지만 모두 빙하가 만든 지형이라는 공통점이 있어.

빙하가 이동하면서 만들어 낸 지형 가운데 '드럼린' 이라는 숟가락을 엎어 놓은 것처럼 완만한 구릉도 있어. 빙하가 운반해 온 퇴적물이 지면에 쌓인 건데 한쪽은 급 경사로, 한쪽은 완만한 경사로 형성되곤 해. 대부분 빙하 가 밀려온 방향이 급경사를 이룬단다.

평균적으로 드럼린의 길이는 400~800m에 달하고 높이는 15~60m 정도지. 드럼린은 여러 개가 모여 있는 경우가 많은데 영양가가 풍부한 퇴적물이 쌓여 있어 주로 농경지로 이용돼. 드럼린(drumlin)이라는 이름은 '가장 작은 산등성이'를 뜻하는 아일랜드어 droimnín에서 유래했어.

100만 년 전 빙하 기록을 찾아라!

우리는 과거 빙하기에 대해 어떻게 알 수 있을까? 바로 빙하기의 단서를 품은 빙하를 연구했기 때문이야. 과학자들은 남극과 그린란드의 오래된 빙하를 단단한 파이프로 뚫어서 '빙하 코어'를 얻는 작업을 하고 있어. 수 km 깊이까지 뚫고 들어가면 수십만 년 전에 만들어진 빙하 샘플도 시추할 수 있는데 1cm의 얼음이 무려 100년 치의 정보를 담고 있기도 해. 빙하는 눈이 쌓여서 만들어졌잖아. 눈송이는 공기를 많이 품고 있어서 빙하에는 눈이 내릴 때의 공기가 그대로 보존돼 있어.

공기를 추출해 분석하면 기온은 물론 이산화탄소나 메테인 농도를 알 수 있어. 또 눈에 포함된 화산재 성분을

빙하 코어를 시추하는 모습

통해 화산 폭발이 언제 어디에서 일어났는지, 꽃가루를
통해 어떤 식물이 번성했는지 추측할 수 있어. 가끔은 빙
하에서 미지의 미생물이 발견되기도 한단다.

　가장 오래된 빙하는 남극 대륙의 '돔 C' 기지에서 시
추한 80만 년 전 빙하야. 80만 년에 이르는 긴 시간 동

안 지구의 기후가 어떻게 변해 왔는지 빙하를 통해 짐작할 수 있게 된 거야. 그린란드에선 10만 년, 알래스카에선 3만 년의 역사를 담은 빙하가 시추됐어.

빙하에 담긴 기록을 통해 우리는 빙하기 때 대기 중 이산화탄소 농도가 간빙기 때보다 80~100ppm 낮았다는 사실을 밝혀냈어. 대기 중 이산화탄소 농도는 산업혁명 이전 280ppm에서 최근 420ppm 선도 넘어섰는데 이렇게 빠르게 증가한 건 지구 역사에 단 한 번도 없었던 이례적인 현상이라는 사실도 깨닫게 됐지.

빙하는 지구 기후의 역사를 보여 주는 타임캡슐이야. 전 세계 과학자들은 극지에서 더 오래된 빙하를 시추하기 위해 노력하고 있어. 지금은 100만~150만 년 전에 만들어진 빙하 코어를 얻는 것이 목표인데 남극에 세종과학 기지와 장보고과학 기지가 있는 우리나라도 국제 공동 조사에 참여하고 있단다.

빙하기를 누비던 거대한 동물들

빙하기 하면 떠오르는 동물이 있니? 아마 대부분 매머드라고 대답할 거야. 거대한 덩치와 긴 엄니는 지금의 코끼리와 닮았는데 코끼리의 직계 조상은 아니고 가까운 친척이라고 보면 돼. 그런데 신생대 빙하기를 지배하던 매머드는 멸종하고 지구에는 아프리카코끼리와 아시아코끼리 단 두 종만 남게 됐지. 매머드는 극지방과 툰드라 지역의 이끼와 키가 작은 관목을 먹고 살았어. 풀만 먹고 그렇게 큰 덩치를 유지한 것이 정말 놀라워. 코끼리는 지능이 아주 높기 때문에 친척인 매머드도 똑똑했을 거라고 추정돼.

빙하기를 누비던 동물 가운데 매머드와 경쟁 관계에 있던 털코뿔소도 있었어. 유라시아 대륙의 넓은 평원에서 풀을 먹고 살았는데 지금의 코뿔소보다 덩치가 훨씬 컸던 것으로 보여. 온몸이 굵고 긴 털로 덮여 있었고 뿔은 최대 2m까지 자랄 정도였지. 뿔이 이렇게 길면 활동하기 힘들 것 같지 않아? 그런데 그 시절에는 수북하게 쌓인 눈을 치우고 먹이를 찾는 데 긴 뿔이 유용하게 쓰였겠지.

거대한 머리 뿔이 특징인 메갈로케로스의 골격

메갈로케로스는 지구상에 존재하는 가장 큰 사슴이었어. 키는 2m를 훌쩍 넘었고 머리 양쪽으로 뻗은 뿔은 길이가 무려 3m에 달했어. 메갈로케로스라는 이름은 그리스어로 '거대한 뿔'을 뜻해. 뿔은 수컷에게만 있었는데 짝짓기 때 다른 수컷과 싸우거나 암컷에게 과시하는 데 쓰였을 거야.

나무늘보와 친척뻘인 자이언트땅늘보는 빙하기 남미 대륙에 살던 대표적인 동물이야. 몸길이가 6m, 몸무게는 4톤으로 소형 버스와 맞먹는 크기였지. 거대한 발톱과 짧은 뒷다리를 가지고 있었는데 남미 콜롬비아에 있는 암각화에 자이언트땅늘보의 모습이 비교적 정확하게 남아 있단다. 빙하기 말인 약 1만 2,000년 전 그려진 그림으로 남미에 처음 도착한 인류가 얕은 동굴 벽에 자이언트땅늘보를 비롯해 거북과 악어, 재규어 같은 다양한 동물의 모습을 남겼어.

빙하 시대에는 초식동물만 컸던 게 아니야. 초식동물을 잡아먹는 육식동물도 그만큼 덩치가 매우 컸어. 빙하기 북미와 남미의 대초원에는 거대한 육식동물인 스밀로돈이 살고 있었어. 우리에게 친숙한 검치호랑이의 한 종류야. 호랑이나 사자처럼 고양잇과에 속하는 동물로 지금보다 훨씬 큰 몸집과 강력한 송곳니, 앞다리를 가지고 있었지. 스밀로돈은 대형 초식동물을 능숙하게 사냥했어. 특히 길이가 30cm에 가까운 송곳니는 톱니 모양이어서 먹잇감의 숨통을 단번에 끊어 놓을 수 있었지.

빙하기의 침엽수림이나 넓은 초원에는 지금의 사자보다 10% 정도 더 큰 동굴사자가 살았어. 사슴과 들소, 매머드 새끼, 심지어 인간을 먹이로 삼았던 것으로 보여. 고대 동굴벽화에 동굴사자의 그림이 남아 있는데 지금

사자처럼 무성한 갈기는 없었던 것으로 보여.

갯과 동물을 빼놓으면 섭섭하지. 북미 대륙을 방황하던 다이어늑대는 나중에 남미의 볼리비아까지 진출할 정도로 활동적이었어. 길이 1.5m, 몸무게 50~70kg으로 갯과 육식동물 가운데 가장 큰 덩치를 지녔지. 현재의 회색늑대보다 두개골이 더 크고 다리는 짧고 튼튼했어. 치아도 훨씬 더 강해서 사냥한 동물의 뼈를 씹어서 부서뜨릴 정도였단다.

매머드가 멸종한 진짜 이유는?

빙하기의 동물들이 지금까지 살아 있다면 정말 볼만 하겠지? 하지만 지금으로부터 약 1만 년 전 지구에서 사라지고 말았어. 중생대의 지배자였던 공룡은 소행성이 지구에 충돌하면서 멸종했다는 가설이 유력해. 하지만 신생대 빙하기에 멸종한 동물들에 대해서는 아직 명확한 결론이 없고 다양한 의견이 분분한 상태야. 인간의 무분별한 사냥 때문이라는 주장도 있고 갑작스러운 기후 변화를 원인으로 보는 학자들도 있어.

　매머드가 멸종한 가장 큰 원인은 기후 변화와 인류의 영향 모두가 아니었을까. 매머드의 엄니는 나무의 나이테처럼 층층이 자라는데 엄니를 분석하면 마치 빙하 코어처럼 과거의 환경을 짐작할 수 있어. 영국 연구팀은 1만 4,000년 전에 살았던 암컷 매머드 '엘마'와 1만 7,000년 전 살았던 수컷 매머드 '킥'의 엄니를 분석했어. 그 결과를 보면, 킥은 빙하기의 절정기 때 알래스카에서 풍부한 풀을 먹으면서 살았어.

　반면 3,000년 뒤, 엘마가 태어났을 때는 빙하가 녹고 식생이 바뀌기 시작했지. 빙하기가 물러가기 시작한 거야. 엘마도 킥처럼 알래스카에 살았지만 서식 범위는 킥보다 훨씬 좁았어. 기후가 바뀌면서 매머드가 좋아하는 식물들이 더 추운 고지대로 이동했거든.

　엠마는 생의 대부분을 1,000km 떨어진 두 지역을 오가며 보냈어. 알래스카 동부와 캐나다 유콘 서부 지역이었어. 그런데 이 지역은 공통적으로 인간의 흔적이 많은 곳이었지. 어린 매머드가 인간에게 사냥당한 증거도 곳곳에 남아 있어. 엠마는 건강한 상태에서 죽은 것으로 추정되는데 이 말은 인간이 사냥했을 가능성이 크다는 뜻이야. 500만 년 전 지구에 나타난 매머드는 천적이 거의 없었고 매머드를 죽일 수 있는 건 인간이 유일했어.

매머드를 비롯해 빙하 시대를 살았던 동물의 뼈를 분석한 재미있는 연구도 있어. 동물들이 멸종하기 직전에 대기 중 수분이 크게 증가한 것으로 분석된 거야. 당시 날씨가 따뜻해지며 빙하와 영구 동토층이 녹기 시작했고 그 결과 대기 중 습기가 늘어난 것으로 보여.

빙하 시대 건조한 초원은 갯벌 같은 습지로 바뀌고 먹이가 되는 식물도 대거 멸종한 것으로 추정돼. 그 결과 초식동물이 줄고 육식동물도 연쇄적으로 사라지면서 생태계가 붕괴한 거야. 결국 인간과 기후 변화라는 두 가지 엄청난 압박이 더해지면서 빙하기의 지배자였던 매머드는 멸종의 길로 사라질 수밖에 없었어.

틈새 토론

기후 변화는 인간 때문일까?

기후 변화의 영향으로 이상 기후와 자연재해가 잦아지고 있다. 인간 활동 때문이라는 주장과 지구의 원래 흐름이라는 주장이 부딪치고 있다.

찬성

산업화 이후 온실가스 배출로 인해 지구가 빠르게 뜨거워지고 있어.

반대

지구는 수천 년 주기로 더웠다 추웠다를 반복해 왔어.

생각 TIP

- 최근 기후 변화 속도가 얼마나 빠를까?
- 인간 활동이 기후에 어떤 영향을 줄까?
- 과거에도 지구 기후는 변해 왔을까?
- 인류가 주된 원인이라는 증거는 확실할까?

찬성 근거

1) 지구 평균 기온이 최근 급격히 올라갔어. 예전엔 수천 년 걸리던 변화가 이제는 100년 만에 일어나. 빙하가 빠르게 녹고 해수면도 상승 중이야. 이런 속도는 인간 활동의 영향이 크다고 볼 수 있어.

2) 공장, 자동차, 비행기 등이 온실가스를 내뿜고 있어. 온실가스는 열을 가둬 지구를 더 뜨겁게 만들어. 그 결과 폭염, 가뭄, 산불 같은 재난이 더 자주 일어나고 있어.

반대 근거

1) 지구는 원래 기온이 오르내리는 주기를 반복해 왔어. 지금의 변화도 그런 자연스러운 흐름일 수 있어. 인간이 영향을 주긴 해도 모든 원인이라고 보긴 어려워.

2) 기후 변화가 모두 인간 탓이라는 주장에는 이견이 있어. 태양 활동, 화산, 해류 같은 자연 요인도 영향이 크지. 일부 과학자들은 인간이 주범인지 확신하기 어렵다고 말해.

2장

지구가 보내 온 무서운 경고

#스웨이즈 빙하 #기후 변화 #그린란드

#탄소 배출 #멸종 위기종 #생태계 변화

페루 안데스산맥에 있는

빙하호

열대 지방에도 빙하가 있다는 거 알아?

더운 나라에 무슨 얼음이냐 싶겠지만,

실제로 남미 페루 산악 지대에는

수천 개의 빙하가 있었어.

그런데 요즘 그 빙하들이 기후 변화

때문에 속절없이 녹아내리고 있대.

산에 거대한 호수가 생기면서

언제 홍수가 터질지 모르는 상황이 됐지.

지구 종말의 날 빙하

남극 대륙은 얼음으로 뒤덮인 땅이야. 전체 면적의 약 98%가 빙하로 덮여 있고 그 면적은 러시아에 이어 두 번째로 클 정도로 어마어마하지. 남극은 1년 내내 평균 기온이 영하권이고 겨울에는 영하 80도 수준까지 떨어져. 상상할 수 없을 정도로 추운 날씨 덕분에 남극의 빙하는 녹지 않고 버틸 수 있었던 거야.

남극에 빙하가 생긴 건 약 3,400만 년 전으로 추정돼. 그전에 남극은 지금처럼 춥고 건조한 곳이 아니라 온대나 열대 기후 지역이었어. 푸른 나무가 자라고 생명이 가득한 땅이었지. 남극 대륙을 덮고 있는 얼음도 없었어. 그러나 4,000만 년 전 대륙이 이동하면서 남극 대륙은 멀리 남쪽에 고립됐고 급격한 환경 변화가 나타났어.

특히 남극 주변을 시계 방향으로 도는 해류(남극 환류)가 만들어지면서 기온이 급격하게 떨어졌지. 남극 환류는 마치 남극을 호위하듯 태평양과 대서양에서 흘러오는 따뜻한 해류를 철벽 방어했거든. 이때부터 남극에 눈이 내리고 쌓여서 지금의 빙하가 만들어졌지.

지구에 식물이 폭발적으로 성장하게 된 것도 영향을 미쳤어. 식물이 광합성으로 대기 중 이산화탄소를 쭉쭉 흡수했거든. 이산화탄소는 여러분도 알다시피 대기의 온도를 높이는 온실가스잖아. 그런데 이산화탄소가 줄어들면 반대로 기온이 떨어지는 효과가 나타났겠지. 지구 온난화가 아닌 냉각화가 일어난 것은 남극의 빙하를 더 키우는 결과를 불러왔어.

남극에는 '지구 종말의 날 빙하(Doomsday Glacier)'라는 별명으로 불리는 빙하가 있어. 크기는 한반도와 맞먹을 정도로 거대하지만, 지구에서 가장 불안정하고 위험한 빙하로 꼽히는 스웨이츠 빙하가 바로 그 주인공이야.

스웨이츠 빙하는 기후 변화가 급격하게 진행 중인 서남극에 있는데 해마다 두께가 200m씩 줄고 해안으로 2km씩 밀려나고 있어. 남극에서 가장 빠르게 변화하고 있는 빙하지. 스웨이츠 빙하가 모두 녹을 경우 지구의 해수면 높이가 65cm가량 상승할 것으로 예측해. 그래서 지구의 종말을 몰고 올 거라는 별명이 붙은 거야. 실제로 스웨이츠 빙하에서 해마다 수백억 톤의 얼음이 녹아 바다로 흘러들고 있어.

스웨이츠 빙하는 왜 이렇게 빠른 속도로 녹고 있을까. 빙하는 대륙 위에 두껍게 쌓여 있는 빙상과 바다에 떠 있는 빙붕으로 구분한다고 했잖아. 빙붕은 빙상의 연장선으로 해안에서 수십~수백km까지 뻗어 나가 있지. 그런데 기후 변화로 따뜻해진 바닷물이 빙붕으로 파고들면서 빙붕을 녹이고 결국 대륙의 빙상까지 붕괴하게 하는 거야. 빙붕은 빙상을 지켜 주는 안전판 같은 역할을 하는데 빙붕이 사라지면 빙상도 최후를 맞을 수밖에 없어.

면적이 줄어든 남극 해빙과 스웨이츠 빙하

최근에는 서남극뿐 아니라 동남극도 위태로운 상황이야. 남극 대륙은 남극 횡단 산맥을 기준으로 동서로 나뉘는데 고도가 낮은 서남극은 온난화가 빠르게 진행됐지만 동남극은 상대적으로 영향이 적었어. 동남극 빙하의 손실도 서남극의 4분의 1 수준이었지.

그러나 2022년 3월 18일 동남극에 있는 프랑스와 이탈리아의 공동 연구 기지에서 평년보다 38.6도나 높은 기온이 관측됐어. 3월의 최고 기온이 평균 영하 48도인

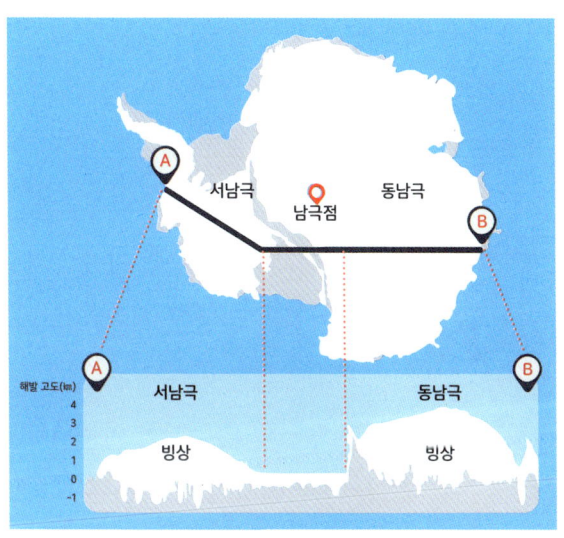

동남극과 서남극 지형의 단면 비교

지역에서 영하 9.4도의 기온이 나타난 거야. 이날의 기록적인 열기로 주변에 있던 빙붕들은 견디지 못하고 붕괴하고 말았어. 동남극에는 서남극의 열 배에 이를 정도로 빙상이 많기 때문에 만약 모두 녹는다면 지구의 해수면을 50m 이상 높일 거라는 암울한 전망이 나오고 있어.

'잠자는 거인' 그린란드가 깨어나다

지구에서 가장 빠르게 기후가 변하고 있는 곳이 어디인지 아니? 바로 그린란드야. 덴마크 영토인 그린란드는 면적이 한반도의 10배에 달할 정도로 넓고 수천m 두께의 빙하로 덮여 있지. 내륙은 연평균 기온이 영하 30도 수준이라 사람이 살기 어렵단다. 5만 6,000여 명에 이르는 그린란드 인구는 목초지가 있는 최남단 해안가에 대부분 모여 살아.

그린란드에는 원래 북극의 원주민인 이누이트가 살고 있었어. 그런데 노르웨이에서 태어난 붉은 머리의 한 남자가 살인을 저지르고 아이슬란드에서 추방당해 그린

란드에 정착한 뒤로 이민자들이 몰려들게 됐어. 무슨 일이 있었냐고? 그 남자가 아이슬란드로 돌아가 녹색의 땅 그린란드(Greenland)로 가자고 사람들을 꼬드긴 거야. 굶주림에 시달리던 사람들은 목초지가 펼쳐져 있을 거라는 환상을 품은 채 거센 폭풍우를 뚫고 그린란드로 향했어. 비록 그들을 기다리고 있는 건 척박한 얼음 땅이었지만, 고래를 잡고 바다코끼리를 사냥하며 생존했지. 특히 바다코끼리의 엄니는 코끼리 상아와 비슷해서 상아를 만드는 재료로 아일랜드에 비싸게 팔려 나갔어. 고래기름, 수염, 물개 가죽도 인기가 있었어. 이렇게 번 돈으로 목재나 식량을 사 왔단다. 붉은 머리의 남자는 그린란드에 최초로 정착한 바이킹족의 족장이 됐어.

바이킹의 역사를 간직한 그린란드가 기후 위기 시대 가장 핫한 곳으로 떠올랐어. 그린란드에는 남극 다음으로 큰 빙상이 존재해. 남북 방향으로 길이가 2,900km, 동서 방향으로 너비가 1,100km에 이르는데 그린란드 전체 면적의 80%를 덮고 있지. 빙상의 평균 두께는 약 1.5km, 가장 두꺼운 부분은 3km가 넘을 정도야.

이렇게 엄청난 규모의 그린란드 빙하가 지난 20년

간 이전 시기에 비해 다섯 배 빠르게 녹고 있다는 연구 결과가 나왔어. 덴마크 코펜하겐대학교 연구팀이 그린란드의 빙하 1,000여 개를 조사했는데 과거(1997~2001년) 연평균 손실량이 480억 톤이었다면 최근(2017~2020년)에는 2,570억 톤으로 다섯 배 증가했어. 그런데 그 속도는 최근 들어 더 빨라지고 있지. 최근 지구의 해수면 상승에 그린란드 빙하가 차지하는 비율은 20%에 가까워. 그린란드의 빙하가 모두 녹는다면 전 세계 해수면이 6~7m 정도 상승할 거야.

2021년 8월에 그린란드를 뒤덮고 있는 거대한 빙상 정상에서 처음으로 눈 대신 비가 관측됐어. 해발 고도 3,200m에 있는 관측소 '서밋 스테이션'은 한여름에도 영하 10도를 밑도는 추운 곳인데 9시간 동안 영상의 기온이 유지된 거야. 유례없이 따뜻한 날씨에 비가 사흘이나 이어졌고 비를 맞은 빙상은 무섭게 녹아내렸지. 빙상의 손실량은 평소보다 최대 일곱 배나 많았어.

그렇다면 그린란드의 빙하가 남극보다 더 빠르게 사라지고 있는 이유는 뭘까? 북극의 그린란드는 북반구 대륙에서 쏟아져 나오는 열기가 고스란히 전달되기 때문이야. 북반구에는 지구 인구의 대부분이 모여 살고, 특히 전 세계에서 에너지 소비가 가장 많은 유럽과 북미 대륙, 아시아가 있잖아. 그린란드는 기후 위기의 최전선에 놓여 있는 리트머스 종이라고 할 수 있어.

빙하와 핵폐기물의 연결 고리

지구상에서 남극 다음으로 큰 그린란드 빙하는 육지를 덮고 있는 얼음의 두께가 최대 3km에 달해. 그런데 최근 온난화가 가속화되면서 얼음 녹는 속도가 빨라지고 있어. 1990년대 이후 그린란드 얼음 감소량은 이전보다 두 배 이상 많아졌고 특히 2010년대 들어 1조 톤 이상 녹아 사라졌지. 얼음이 녹으면서 지구 해수면 상승에 영향을 미칠 뿐만 아니라 전혀 예기치 못한 위협이 생겼어.

미 항공우주국(NASA, 나사)은 그린란드 북서부 지역을 담은 그래픽 두 장을 공개했어. 1950년대 지표면을 덮고 있던 눈과 얼음의 부피가 2090년대에 어떻게 변할지 보여 주는 지도였지. 지도에 따르면 1950년대에는 해안가 일부 지역에서만 얼음이 감소했어. 내륙에서는 오히려 얼음이 증가하는 모습도 나타났지.

그런데 기후 변화 시나리오에 따라 기온 상승이 계속될 경우, 2090년대엔 빙하가 녹는 속도가 더 빨라질 전망이야. 3m가 넘는 두께의 빙상도 녹아 버리는 것으로 나타났어. 또 빙하가 증가하는 추세가 나타나던 내륙에서도 빙하가 사라지는 결말이 기다리고 있지.

그린란드의 빙하가 줄어드는 일은 어제오늘 얘기가 아니야. 그런데 나사가 그린란드에 대한 연구 결과를 공개한 것은 그린란드의 얼음이 지금처럼 급속히 녹으면 지하에 묻어 둔 엄청난 양의 핵폐기물이 노출될 수 있음을 경고하기 위해서야. 핵폐기물이라니 무슨 소리냐고?

미군은 1959년 그린란드 북서부의 만년빙 아래에 '캠프 센추리'라는 군사 시설을 만들었어. 냉전 시절 미국과 소련은 각각 비밀 작전을 수행하며 이런 기지들을 많이 만들었는데, 캠프 센추리에서는 핵탄두를 탑재한 미사일 개발이 이뤄졌지. 지하 8m 깊이에 수 km에 이르는 지하 터널을 지어 군인과 과학자 200명 정도를 머물게 했고 소형 원자로까지 들였던 것으로 훗날 드러났어.

캠프 센추리는 건설된 지 10년도 안 된 1966년에 임무를 종료하고 폐쇄됐어. 모든 폐기물은 그대로 얼음 속에 매립됐는데, 만년빙이 영원히 녹지 않을 거라고 믿고 얼음 창고를 만든 거야. 그러나 예상은 빗나갔어. 이제 잠자고 있던 폐기물이 노출되는 것은 시간문제가 됐지.

얼음 창고에는 디젤 20만 리터를 비롯해 방사능에 오염된 냉각수 2,400만 리터, 그리고 양이 확인되지 않은 저준위 방사성 폐기물과 폴리염화비닐 같은 유해 물

만년빙 아래에 캠프 센추리를 건설하는 모습

질이 대량으로 매립된 것으로 추정돼. 그대로 노출된다면 어마어마한 환경 재앙을 몰고 올 수 있지.

나사는 기지가 있었던 얼음 밑 지하를 레이더로 스캔해 폐기물이 묻혀 있는 위치를 정확하게 찾아냈어. 그리고 시간이 더 지나기 전에 빙하 속의 시한폭탄인 핵폐기물을 안전하게 처리하기 위한 국제적인 논의가 필요하다고 촉구하고 있지.

영원할 것 같은 빙하가 사라지며 그 속에 감춰져 있던 인간의 과오가 적나라하게 드러나고 있어. 만약 후손들이 살아가는 먼 미래에 지구의 빙하가 모두 녹고 더 많은 핵폐기물과 유해 물질이 노출되면 어떻게 될까. 후손을 지키려면 지금이라도 변화하는 기후에 대응해 안전하고 깨끗한 지구를 만들어야 해. 지구는 우리만의 것이 아니야. 인류뿐만 아니라 수많은 생명체가 함께 살아가는 소중한 터전이지.

빙하는 사라지고 호수는 늘어나고

기후 변화의 영향으로 최근 빙하 면적이 약 56% 감소했다고 페루 국립산악빙하생태계연구소가 발표했어. 남미의 열대 지방인 페루에 빙하가 있다니, 좀 뜻밖이지? 2020년 기준, 페루에는 무려 2,084개의 빙하가 존재했고 그 면적은 1,050km²에 달했어. 모두 해발 고도가 높은 지역에 형성된 산악 빙하지.

그러나 과거에는 더 많은 빙하가 있었어. 페루 전국의 빙하를 처음 조사한 1962년만 해도 면적이 2,399km²였으니 거의 60년 만에 절반 이상이 사라진 거야. 위성 영상을 분석한 결과 특히 2016년부터 2020년 사이에 175곳의 빙하가 아예 자취를 감춰 버렸지. 페루 고산 지대에 있던 빙하의 6% 가까이가 사라진 거야. 연구소는 기후 변화로 열대 지방의 빙하 녹는 속도가 특히 더 빨라졌다고 밝혔어.

페루에는 세계 열대 지방 빙하의 68%가 분포하고 있어. 그런데 빙하가 사라지면서 빙하 녹은 물로 산에 거대한 호수가 만들어지고 있지. 2016~2020년 페루에서 만들어진 산악 호수만 164개에 이를 정도야.

약 2,000만 명의 페루 국민은 고산 지대의 빙하에 기대 살아가고 있어. 겨울에 꽁꽁 얼었던 빙하가 봄과 여름에 조금씩 녹으면서 귀중한 물을 제공해 주고 겨울이면 다시 얼어붙었지. 그러나 지금은 여름에 너무 많은 빙하가 녹고 겨울에도 다시 얼지 않게 됐어. 빙하 녹은 물인 융빙수가 쏟아지면서 땅을 침식하고 퇴적물을 끌고 와 지형을 바꾸고 있지.

또 융빙수가 고이며 곳곳에 빙하에 의해 생기는 호수인 빙하호가 급증하고 있어. 호수가 생기면 수자원을 얻기에 더 유리한 것 아니냐고? 그러면 다행이지만 호수가 갑자기 넘치거나 지반이 붕괴해 대규모 홍수를 일으키고 있어. 극지와 고산 지대의 땅 역시 과거에는 꽁꽁 얼어 있었지만, 지금은 영구 동토층이 녹으면서 언제 무너질지 모르는 불안정한 상태로 변해 버렸어. 페루 환경부 장관은 이번 조사 결과를 발표하며 수자원의 절반을 잃어버린 것과 마찬가지라며 탄식했어. 빙하가 녹는 것을 막을 수는 없겠지만 그 속도를 늦출 수는 있다며 녹지의 면적을 늘리겠다고 선언했지.

갯벌로 변한 북극, 딕슨 피오르의 경고

2022년 여름 KBS 〈시사기획 창〉 '고장난 심장, 북극의 경고'를 제작하기 위해 북극 스발바르 제도에 다녀왔어. 노르웨이령 스발바르 제도는 사람이 거주하는 최북단인 북위 78도 부근에 있어. 바로 옆에 그린란드가 있지만, 혹독한 기후 탓에 그린란드 주민들은 대부분 북위 61도 부근에 모여 살아. 북위 61도면 핀란드의 수도 헬싱키와 비슷한 위치야. 스발바르 제도가 얼마나 고위도인지 실감이 나지? 북극과 거리는 1,000km 남짓에 불과해. 이곳에는 전 세계 과학자들이 모여서 연구하는 킹스베이 기지촌이 있는데 우리나라의 다산과학 기지도 2002년에 문을 열었단다.

북극은 여름이면 해가 지지 않아. 북위 약 66.5도 이상인 지역에선 종일 해가 떠 있는 백야 현상이 나타나서 빙하가 녹는 현상이 더욱 빨라지고 있어. 스발바르 제도에선 수천 년 전에 생긴 피오르 빙하가 여름 백야의 햇살에 못 이겨 붕괴하고 있었지. 심지어 빙하가 녹으면서 우리나라 서해안의 갯벌처럼 변한 곳도 봤어.

스발바르 제도의 중앙에 위치한 딕슨 피오르는 산 정상에 있던 흙과 모래가 쓸려 내려와 거대한 갯벌로 변했어. 1년에 7, 8개월은 얼음 없는 상태가 이어지고 있었지. 북극 취재를 가서 발이 푹푹 빠지는 갯벌을 만날 줄 누가 상상이나 했겠어?

빙하가 녹은 물은 퇴적물을 운반하는 것뿐만 아니라 주변의 지형을 침식하는 작용도 해. 서울대학교 연구팀은 2016년부터 딕슨 피오르를 찾아가 조사하고 있는데 최근 지형이 더욱 급격하게 변화하고 있다고 밝혔어. 1938년 노르웨이 극지연구소가 촬영한 사진과 비교하면 산의 빙하는 모두 사라지고 해안선은 바다 쪽으로 1km나 확장됐어. 전혀 새로운 풍경이 펼쳐지게 된 거야.

딕슨 피오르를 취재할 때 더욱 놀라운 점은 모기가 너무 많았다는 거야. 여름이긴 하지만 한낮 기온이 20도 가까이 올라갈 만큼 더웠거든. 북극곰 대신 모기의 습격만 이어졌어. 취재에 동행한 현지 안전 요원의 말에 따르면 북극곰은 날씨가 너무 더우면 사냥을 나오지 못하고 시원한 그늘에서 쉰다고 해. 자칫 무리하게 움직였다가 열사병에 걸릴 수도 있으니까.

반면 딕슨 피오르의 기온이 올라가고 빙하 녹은 물이 웅덩이를 만들면서 모기가 서식하기에 좋은 환경으로 바뀌었어. 북위 54~71도인 알래스카에선 그동안 모기가 많이 발견됐지만 북위 78도의 스발바르 제도에선 드문일이었지. 딕슨 피오르에선 촬영하느라, 모기를 쫓느라 분주한 시간을 보냈어.

　　앞으로 기후 변화가 더 빨라지면 북극의 다른 빙하들도 딕슨 피오르와 비슷한 운명을 맞게 되겠지? 북극의 빙하가 모두 사라지고 갯벌 천지로 변한다면 어떻게 될까? 북극 생태계가 엄청나게 변하는 것뿐만 아니라 지구의 해수면 상승에도 가속도가 붙게 될 거야. 이미 변화는 시작됐어.

지구 온난화를 구경하는 관광객

스발바르 제도에 머물 때 또 한 번 놀랐던 적이 있어. 스발바르 제도에서 가장 번화한 지역은 롱이어비엔이야. 스발바르 제도의 유일한 공항이 있어서 북극을 연구하는 과학자들의 발걸음이 분주하게 이어지지. 롱이어비엔에서 경비행기를 갈아타고 20분 정도 비행하면 니알슨 과학 기지촌에 갈 수 있거든. 그런데 롱이어비엔에는 거대한 유람선이 정박하는 항구도 있어. 굴뚝으로 시커먼 연기를 내뿜는 모습이 눈에 들어왔지. 유럽을 비롯해 전 세계의 관광객들이 빙하를 보기 위해 몰려드는 거야.

하루는 대형 버스에서 빨간색 단체복을 입은 사람들이 쏟아져 내렸어. 자세히 보니 관광객들이었어. 세상에서 가장 춥고 메마른 오지라고 생각했는데 단체 관광을 오다니, 그야말로 충격이었어. 스발바르 제도가 멋진 관광지로 소문나면 더 많은 사람이 몰려들 거고 북극의 빙하가 사라지는 시점도 빨라지고 말 거야.

기후 위기로 빙하를 볼 수 있는 시간이 길지 않을 거라는 전망에 마지막으로 빙하를 보려는 사람들의 욕심은 점점 커지고 있어. 북반구에서 가장 빠르게 빙하가 녹고 있는 그린란드에는 빙하를 보기 위한 전 세계인의 발걸음이 이어지고 있지. 주민들은 이러한 현상을 달갑지 않게 바라보고 있어. 관광객 증가로 수입이 느는 것도 중요하지만, 빙하가 사라지는 미래가 더 두렵기 때문이야.

지구 온난화가 심각해진 2000년대 중반부터 머지않아 사라질 것으로 보이는 현장을 여행하는 '둠 투어'가 인기를 끌기 시작했어. 거대한 빙상이 펼쳐져 있는 남극과 북극의 그린란드, 알프스산맥, 히말라야산맥을 비롯해 아마존의 밀림과 갈라파고스 군도, 몰디브, 산호초가 죽어 가는 호주 그레이트 배리어 리프 등지가 여행의 목적지였지. 위기에 처한 자연을 둘러보며 환경에 대한 경각심을 일깨울 수 있다는 장점도 있지만 오히려 기후 위기를 부추긴다는 비판에서 자유로울 수 없어.

북극과 남극처럼 빙하가 존재하는 곳은 사람의 손길이 쉽게 닿지 않는 오지인 경우가 많아. 그런데 극지로 향하는 발걸음이 늘어나면 새로운 항로가 생기고 호텔이나 도로가 건설되면서 결국 더 많은 온실가스를 배출하게 돼. 마지막 빙하를 보고 싶다는 욕심이 빙하의 소멸을 부추기는 셈이야. 인터넷에 '빙하 관광'을 검색하면 아이슬란드, 스발바르 제도, 파타고니아, 뉴질랜드 등 수많은 상품이 쏟아져 나와. 대부분 항공기나 크루즈선을 이용하는데 다량의 온실가스와 오염 물질을 배출하지.

상업용 항공기에서 배출되는 이산화탄소의 양은 지

구 전체 배출량의 2.5% 정도를 차지해. 항공기가 연료로 사용하는 항공유는 대부분 석유에서 얻은 등유인데 유럽 환경청에 따르면 승객 1명이 항공기로 1km를 이동했을 때 배출되는 이산화탄소는 285g이야. 버스(68g)와 비교하면 네 배, 기차(14g)의 스무 배가 넘어. 항공기가 운항할 때는 이산화탄소뿐 아니라 대기 오염 물질인 질소산화물과 황산화물, 미세먼지도 나오지.

2021년 프랑스는 고속철도로 2시간 30분 안에 도착할 수 있는 거리에 대해선 국내선 항공편 취항을 금지하는 법안을 통과시켰어. 그러니까 우리나라로 치면 서울역에서 KTX로 2시간 안에 갈 수 있는 익산이나 강릉 정도 거리는 국내선 비행이 금지된 거야. 3시간 거리인 부산의 경우는 비행기를 탈 수 있지.

크루즈 여행을 평생의 버킷 리스트로 생각하는 사람이 많은데, 환경 측면에서 보면 결코 바람직하지 못해. 2017년 독일자연보호협회 보고서에 따르면 6,000명이 승선하는 크루즈선을 기준으로 하루 이산화탄소 배출량이 자동차 8만 4,000대와 맞먹을 정도였거든. 자동차에 한 명이 탄다고 가정했을 때 1인당 탄소 배출량은 크루즈선이 자동차보다 열네 배나 많아.

크루즈선의 연료는 화력 발전에도 많이 쓰는 중유로 가격이 싸고 큰 에너지를 얻을 수 있어 대형 선박에 많이 사용하지. 하지만 석탄과 비슷한 수준으로 많은 이산화탄소와 매연, 분진이 발생하는 단점이 있었어. 대형 선박들이 정박한 항구 주변에 가면 코를 찌르는 냄새가 나는 것도 중유 때문이야. 중유를 사용하는 크루즈선의 승객들이 공해가 심한 도로보다 20배 이상 농도가 높은 배기가스를 들이마신다는 조사 결과도 있을 정도야.

최근에는 환경 문제로 크루즈선 등 대형 선박의 연료가 액화천연가스(LNG)로 대체되는 추세야. 하지만 LNG의 주성분인 메테인이 이산화탄소보다 80배 이상 강력한 온실가스라는 함정이 숨어 있지. 환경도 지키고 크루즈 여행도 하려면 화석 연료를 완전히 배제한 더욱 획기적인 아이디어가 필요하지 않을까. 태양이나 바람의 힘으로 움직이는 배가 발명되면 어떨까.

빙하의 아름다운 모습은 누구나 마음에 담고 싶어 하는 풍경이지만 나의 바람이 빙하를 녹이는 데 영향을 미친다고 생각해 보면 어떨까. 빙하에 몰려드는 관심이 뜨거워질수록 갯벌로 변하는 북극이 늘어나고 남극에는 '지구 종말의 날' 빙하가 많아질 거야.

빙하 녹은 물에 노아의 방주가 잠기다

"세상은 이제 막판에 이르렀다. 땅 위는 그야말로 무법천지가 되었다. 그래서 나는 저것들을 땅에서 다 쓸어 버리기로 하였다. 너는 전나무로 배 한 척을 만들어라. 배 안에 방을 여러 칸 만들고 안과 밖을 역청으로 칠하여라."

〈구약 성서 창세기 6장〉

성경을 보면, 인간에게 분노한 신이 대홍수를 일으키지만 노아에게만 자비를 베풀어 커다란 배 한 척을 만들게 해. 거대한 홍수에서도 노아가 살아남을 수 있었던 건 바로 '노아의 방주' 덕분이었어. 그런데 지구 최북단 스발바르 제도에도 현대판 노아의 방주가 있단다. 전 세계인의 식량이 되는 식물의 씨앗을 보관하고 있는 '스발바르 국제종자보관소'가 그 주인공이야. 2008년 노르웨이 정부와 세계작물다양성재단이 주도해 문을 열었어.

자연재해와 핵폭발, 지진, 테러, 질병 등 각종 위험에 대비해 세계 정부는 쌀과 밀, 콩, 옥수수 같은 식물의 종자를 스발바르 제도에 맡겨 보관하고 있어. 국제종자보관소의 이름인 씨드 볼트(seed vault)는 '씨앗 금고'를 뜻해. 돈을 은행 금고에 맡기듯 전 세계 주요 식량의 종자를 보관하고 있는 곳이지. 이런 시설이 만들어진 이유는 전 세계 작물의 유전자 다양성을 보존하기 위해서야.

잇따르는 가뭄과 폭염, 홍수, 산불 등 기후 재난으로 식량 자원의 고갈이 가속화하고 있어. 기후 변화에 적응하지 못하고 멸종하거나 서식지가 줄어드는 식물들이 늘어나고 있지. 식물의 변화는 벌이나 나비 같은 곤충과 초식동물, 육식동물로 이어지며 결국 생태계 전체에 큰 충격을 주고 있어. 인간도 예외는 아니야. 해마다 이상 기후로 농산물 가격이 폭등을 거듭하고 있잖아.

러시아-우크라이나 전쟁 등 국제 사회의 분쟁도 식량난을 불러오는 중요한 변수야. 우크라이나는 유럽에서 밀 생산이 많아 '유럽의 빵 바구니'라고 불렸어. 그런데 전쟁으로 밀값이 폭등하는 현상이 벌어졌지. 뉴스에서 라면부터 짜장면, 칼국수, 과자 가격까지 줄줄이 인상됐다는 소식을 들은 적이 있을 거야.

스발바르 국제종자보관소는 바로 이런 위기 상황에 대비하는 인류의 보험이자 노아의 방주 같은 곳이야. 전세계에서 도착한 100만 개가 넘는 씨앗 샘플을 안전하게 보관하고 있어. 우리나라의 종자도 여기 포함되어 있지. 농촌진흥청은 벼와 보리, 콩, 옥수수 등 작물 55종의 종자 3만여 개를 스발바르 제도에 보냈어. 우리나라뿐만 아니라 북한도 스발바르 제도의 금고에 씨앗을 보관 중이야.

스발바르 제도가 인류의 미래를 책임질 마지막 노아의 방주가 된 건 지리적인 위치 때문이야. 지구에서 사람이 사는 가장 높은 위도에 있는 데다 해발 고도 역시 130m로 높아서 해수면이 상승해도 위협을 피할 수 있거든. 지각 구조가 안정적이라 지진 걱정도 없지만, 규모 6.0 이상의 강진도 견디게 튼튼하게 설계됐어. 핵폭발이나 소행성 충돌에도 끄떡없는 두꺼운 강화 콘크리트로 저장고의 벽을 설계했지. 저장고의 온도는 항상 영하 18도로 유지되고 만약 전기가 끊어져도 영구 동토층 안이

씨앗 금고 역할을 하는 스발바르 국제종자보관소

기 때문에 자연 냉동 상태를 유지할 수 있어. 씨앗을 보관
하기에 이보다 더 완벽한 장소가 있을까?

　　하지만 빠르게 진행되는 기후 변화 앞에서 인류의
미래는 최대 위기를 맞게 됐어. 2016년 가을, 북극권에
위치한 스발바르 제도에 비정상적으로 더운 날씨가 찾아
온 거야. 산에 있던 빙하가 녹아내리며 홍수가 일어났고
그 물이 스발바르 국제종자보관소 입구에 흘러들었어.
종자에는 피해가 없었지만 보수 공사를 해야 했지.

북극은 눈과 얼음으로 덮여 있어서 지구를 시원하게 해주는 에어컨 역할을 했어. 눈과 얼음의 표면은 하얀색이어서 햇빛을 대부분 반사하잖아. 그런데 기후 변화로 빙하와 해빙이 빠른 속도로 사라지면서 북극은 지구 어느 곳보다 뜨겁게 달아오르고 있어. 북극의 기온 상승은 전 지구 평균보다 세 배 이상 빠르게 진행되고 있지. 인류의 미래가 달린 종자를 보관하기에 더 이상 안전하지 않은 곳이 될 수도 있다는 얘기야.

기후학자들의 연구에 따르면 지금처럼 탄소를 배출할 경우 이번 세기말에는 스발바르 제도의 평균 기온이 영상 10도까지 오를 수 있다고 해. 만약 이러한 예측이 현실이 되면 빙하가 눈 녹듯 사라지고 땅속 영구 동토층도 유지될 수 없겠지. 우리의 미래가 달린 귀중한 종자들은 그럼 어디로 가야 할까. 남극에 남아 있는 두꺼운 빙상속에 터널이라도 파야 할까. 스발바르 종자보관소와 인류의 운명이 지금 우리 손에 달렸어.

유네스코가 인류에게 경고한 이유는?

유네스코(UNESCO) 하면 '세계 유산'이 떠오르지? 유네스코는 1945년에 설립된 국제연합(UN, 유엔)의 교육·과학·문화 전문 기구야. 우리나라의 석굴암과 창덕궁 등은 유네스코 세계 자연유산으로, 《훈민정음 해례본》과 《난중일기》, KBS에서 진행한 〈이산 가족 찾기 특별 생방송〉 등은 세계 기록유산으로 지정됐지.

그런데 2022년 유네스코가 〈세계 유산 빙하: 기후 변화의 감시자(World heritage glaciers: sentinels of climate change)〉라는 보고서를 통해 '1.5도 온난화'라는 목표를 달성하더라도 세계 자연유산으로 지정된 빙하의 3분의 1이 2050년까지 사라질 거라고 경고했어. 전 세계 정상들은 2015년 파리 협정에서 지구의 평균 기온 상승을 산업화 이전과 비교해 1.5도 이내로 제한하자고 약속했잖아. 그런데 그 목표를 이뤄도 빙하의 소멸을 막을 수 없다니, 대체 무슨 얘기인 걸까.

2023년 기준 유네스코 세계 유산은 총 1,199개인데 이 중 자연유산은 231개고, 그 가운데 빙하가 포함된 곳은 50여 개야. 세계에서 가장 높은 에베레스트 빙하와 가장 긴 알래스카 빙하, 미국 요세미티 국립공원과 옐로스톤 국립공원의 빙하 등으로 지구에 존재하는 전체 빙하의 약 10%를 차지하지.

그런데 유네스코가 지정한 세계 자연유산 빙하에서 매년 600억 톤 정도가 녹아서 사라지고 있는 것으로 드러났어. 전 세계 해수면 상승의 5%를 차지할 정도야. 2023년 여름에는 유네스코 세계 자연유산인 그린란드의 아이스피오르 빙하가 통째로 붕괴돼 전 세계를 놀라게 했단다. 남아 있는 다른 빙하의 운명도 위태롭기만 해.

아프리카에서 가장 높은 탄자니아의 킬리만자로 국립공원과 케냐의 고산 지대에 있는 빙하를 볼 수 있는 날도 얼마 남지 않았어. 프랑스와 스페인에 걸쳐 있는 피레네산맥 빙하, 이탈리아의 돌로미티산맥 빙하, 아르헨티나의 로스 알레르세스 국립공원 빙하도 마찬가지야.

아시아에서도 세계 자연유산 빙하가 빠른 속도로 사라지고 있어. 중국 윈난성에 있는 빙하 수는 2021년에 들어 1년 전보다 절반 이상 줄어 가장 큰 손실을 기록했어. 중앙아시아의 빙하도 같은 기간 27% 줄었지. 지역을 가리지 않고 인류가 보존해야 할 가치가 높은 빙하들이 머지않아 모두 사라질 가능성이 높다는 거야.

실제로 유네스코 보고서에 따르면 히말라야산맥의 빙하가 녹는 속도는 2010년대 들어 2000년대보다 65%나 빨라졌어. 기후 변화로 날씨가 온화해지면 빙하가 녹는 건 당연하지만 예상보다 훨씬 빠른 속도였지. 햇빛을 반사하던 빙하가 사라지면서 더 많은 열을 흡수해 온도가 높아지고 더 많은 빙하가 녹는 악순환이 반복되고 있어. 이러한 현상을 '양의 되먹임'이라고 해. 빙하가 녹은 땅에 풀이나 나무가 자라면 얼음이 있을 때보다 더 많은 열을 흡수해 온난화를 가속화해. 새하얀 빙하 지대가 초록색으로 변하는 풍경이 반갑지 않은 이유야.

유네스코는 빙하가 단순한 얼음덩어리가 아니라 다양한 생물의 서식지이자 수자원 저장고이며 문화적으로 신성한 대상이라고 강조했어. 해수면 상승뿐 아니라 최근에는 빙하가 녹은 물이 쓰나미처럼 급작스럽게 쏟아져 산사태나 홍수 같은 재난을 일으키기도 해. 그야말로 빙하의 역습이 시작된 거야.

유네스코는 1.5도 온난화가 성공해도 3분의 1의 빙

하는 사라지겠지만 3분의 2는 지킬 수 있다고 말했어. 희망이 없다고 좌절하기 전에 남은 빙하라도 온전히 보존하기 위해 탄소 중립에 박차를 가해야 해. 우리의 후손들이 빙하가 뭔지 모른 채 살아가는 일은 막아야 해.

겨울 스포츠와 헤어질 결심

겨울 하면 스키나 스케이트 같은 스포츠가 마음을 설레게 하지. 눈부신 설원을 질주하며 내려오는 짜릿한 경험은 겨울에만 누릴 수 있는 특권이잖아. 세계적으로 유명한 스키장은 유럽의 알프스산맥에 집중돼 있어. 특히 스위스와 프랑스, 이탈리아 등지의 스키장에 많은 관광객이 방문하는데, 최근 기후 위기로 폐장 위기에 처한 곳이 많다고 해.

최근 겨울철에 눈이 적게 내리고 비가 늘어나는 변화가 나타나고 있어. 기록적인 이상 기온으로 최고 기온이 20도 넘게 올라가는 일이 비일비재하거든. 대기가 뜨거워지면 수증기가 많아져 강수 구름이 발달하는데, 기온이 높으니까 눈 대신 비가 내리게 돼. 비가 내리면 그나마 있던 눈도 모두 녹을 수밖에 없어. 특히 해발 고도가 1,600m 이하인 스키장의 피해가 커. 유럽의 해발 고도가 낮은 스키장에서는 10년마다 적설량이 3~4cm씩 줄고 있지. 최근 알프스산맥에선 스키장뿐 아니라 마을의 눈도 모두 사라져 주민들이 스키를 이용하지 못하고 발이 묶이고 있어. 빙하가 녹으면서 산사태가 일어날 것을 우려해 등산과 빙벽 등반도 금지됐지.

빠르게 녹고 있는 빙하도 스키장의 미래를 어둡게 하고 있어. 알프스산맥에 있는 프랑스의 스키장들은 빙하를 통해 슬로프의 눈을 만들었어. 그런데 알프스 빙하는 2100년쯤이면 거의 사라질 것으로 예측됐지. 유엔 산하 기후 변화에 관한 정부 간 협의체(IPCC)는 탄소 배출을 줄이지 못하면 이번 세기말 전 세계 빙하의 부피가 94% 줄어들 거라고 전망했어.

스키 시즌은 점점 짧아지고 있어. 미국에서 진행한 연구에 따르면 1982년부터 2016년 사이에 스키 시즌이 한 달 넘게 줄어든 것으로 나타났어. 기후 위기 시대에 스키는 가장 빨리 사라질 스포츠로 굳어진 거야. 겨울 스포츠 업계는 발 빠르게 움직이고 있어. 스키장에서 배출하는 탄소를 줄이기 위해 재생 에너지 투자를 늘리고 스키장이 폐쇄될 경우에 대비해 자전거나 등산, 산책 코스 개발에 나서고 있단다. 겨울이 아니더라도 관광객들이 찾을 수 있도록 새로운 활로를 개척하는 거야.

인공눈을 만들면 되지 않느냐고? 그것도 기온이 1도 이하로 내려가야 가능해. 이보다 기온이 높으면 물방울을 공기 중에 뿌려 눈으로 바꾸는 제설기가 제대로 작동할 수 없거든. 또 인공눈을 만드는 과정에서 어마어마한 양의 물과 화석 연료가 사용된단다. 자연 눈이 사라진 스키장에 인공눈을 뿌리려면 그만큼 큰 비용을 감수해야 한다는 뜻이야. 인공눈을 많이 만들수록 역설적으로 기온이 더 상승해 눈이 내리지 않는 결과를 낳게 돼.

스키장을 이용하는 사람이 많아질수록 항공기의 이동이 늘어나면서 탄소를 많이 배출해. 영국에선 스키장에 가는 여행객의 70% 이상이 비행기를 타는 것으로 나타났어. 탄소 배출이 적은 기차를 이용하는 비율은 2%에 그쳤지. 스키를 정말 사랑한다면 비행기 대신 기차를 이용하는 게 좋다고 기후학자들은 조언하고 있어.

언젠가 스키장에 가서 마지막 눈을 구경하는 일도 둠 투어로 인기를 끌지 몰라. 그만큼 스키장의 미래는 암울해. 그러나 스키장을 운영하는 기업과 스키를 즐기는 여행객들이 어떻게 행동하는지에 따라 기후 변화를 늦출 수 있어. 시간이 오래 걸리더라도 말이야. 지속 가능한 스키장을 만들기 위해서는 망설일 시간이 없어. 스키장의 눈뿐만 아니라 우리 일상에 내리는 눈을 지키기 위해 지구의 기온 상승을 당장 막아야 해. 겨울철 기온이 급격하게 올라가 눈 대신 비만 내리는 풍경을 맞이하고 싶지 않다면 말이야.

빙하가 녹으며 되돌아오는 시신들

기후 변화로 알프스산맥의 빙하가 빠르게 녹으면서 예기치 못했던 결과를 불러오고 있어. 얼음 속에 묻혀 사라졌던 시신들이 잇따라 발견되고 있거든. 2019년 스위스에서 스키를 타다 실종된 이탈리아 남성의 시신이 4년 만인 2023년에 모습을 드러냈어. 해발 고도 4,000m가 넘는 알프스산맥 봉우리에서 눈과 얼음이 녹으면서 유해가 발견된 건데 이런 일이 처음은 아니었어.

1986년에 실종된 독일인 등반가의 유해가 세상에 드러났고 1974년 경비행기가 추락하며 자취를 감춘 영국 남성의 시신이 발견되기도 했어. 대대적인 수색을 벌여도 찾지 못했던 사람들이지. 오스트리아의 빙하에서는 2001년 사망한 것으로 보이는 남성의 시신이 나타났어. 해발 고도 2,900m 지점인데, 스키 여행을 하다가 사고를 당했던 거야.

2017년에는 프랑스 몽블랑 등지에서 시신 네 구가 발견됐고 2015년에는 1970년 알프스를 등반하던 일본인 두 명의 유해가 모습을 드러냈어. 스위스와 프랑스의 알프스산맥에서 실종된 사람은 1925년 이후 500명에 가까운 것으로 추정되는데 앞으로 빙하가 빠르게 녹는다면 가까운 시일 안에 더 많은 시신이 발견되겠지.

히말라야산맥에서도 비슷한 일이 벌어지고 있어. 2018년에는 30년 전인 1988년 네팔의 7,161m 고지를 등반하다가 실종된 아이슬란드 등반가 두 명의 시신이 빙하 위로 떠올랐어. 2016년에는 1999년 중국에 있는 히말라야산맥을 등반하다가 눈사태로 실종된 유명 등반가 두 명의 유해가 드러났지.

히말라야산맥에서 실종된 한국인 등반가의 시신들도 속속 되찾고 있어. 2008년 네팔 안나푸르나에서 사라진 두 명이 11년이 지난 뒤인 2019년 빙하에서 발견됐지. 2021년에는 파키스탄 인근에서 1999년 실종된 탐험가의 시신도 모습을 드러냈어.

빙하에 묻혀 있던 실종자들이 수십 년 만에 연달아 발견됐다는 것은 그만큼 빙하가 기록적으로 많이 녹았다는 증거이기도 해. 1930년대 초 1,400개에 달했던 스위스의 알프스 빙하는 최근 절반 이상 사라졌어. 히말라야 빙하의 면적은 13세기부터 17세기 후반까지 이어진 소빙하기 때 무려 2만 8,000km²에 이르렀지만, 지금은 1만 9,600km²로 30%가량 줄었지. 이대로라면 더 많은 빙하가 녹아내리겠지. 그리고 실종된 시신을 찾았다는 뉴스도 더 자주 나오게 될 거야.

사라지는 해빙, 죽어 가는 황제펭귄

남극은 거대한 육지 빙하로 잘 알려져 있지만 추운 겨울이면 북극과 마찬가지로 바다 위에 하얀 얼음이 얼어붙어. 이 얼음을 해빙이라고 불러. 해빙은 남극 생태계에서 중요한 역할을 해. 북극의 해빙 위에서 북극곰이 사냥을 하고 물개가 새끼를 키우듯 펭귄은 남극의 해빙을 보금자리 삼아 살아가. 하지만 남극의 해빙이 빠르게 녹으면서 펭귄은 멸종 위기에 처하게 됐어.

남극에서 가장 큰 펭귄인 황제펭귄은 남반구의 겨울인 5~6월에 알을 낳아. 두 달쯤 지나면 알이 부화하고 새끼 펭귄이 태어나지. 새끼 펭귄이 솜털을 벗고 엄마, 아빠처럼 미끈한 방수 털을 가지려면 반년은 족히 지나야 해. 그러나 최근 남극의 해빙이 급격하게 녹아 버리면서 물에 나갈 준비가 되지 않은 새끼들이 익사하고 있어.

황제펭귄은 남극을 상징하는 펭귄이야. 평균적으로 키는 1.2m고 체중도 35kg에 이르지. 수천 마리씩 뭉쳐서 혹독한 남극의 추위와 강풍을 견디고 살아남았어. 그러나 2018년부터 2022년 사이 남극에 있는 황제펭귄 서식

멸종 위기종이 된 황제펭귄

지 62곳 가운데 30%가 해빙 감소의 영향을 받은 것으로 조사됐어. 황제펭귄은 해빙이 없는 환경에 적응해 살아남을 수 있을까. 전망은 암울해. 지금처럼 기후 위기가 계속된다면 이번 세기말에 황제펭귄은 멸종을 맞게 될 거라는 예측이 나왔거든. 북극의 최대 포식자인 북극곰이 해빙이 줄며 멸종 위기에 처한 것처럼 말이야.

　　남극의 해빙은 최근 들어 더 많이 사라지고 있어. 해빙이 최대로 녹는 시기가 당겨지고 다시 얼어붙는 시기는 늦어지고 있지. 황제펭귄이 새끼를 낳아 기르는 시기를 바꾸면 되지 않느냐고? 아니면 새끼가 방수 털을 더 빨리 갖도록 진화하면 되지 않느냐고? 물론 지구의 수많은 생명체는 환경 변화에 적응하며 생존해 왔어. 하지만 그런 변화는 아주 오랜 시간이 걸릴 수밖에 없어.

해빙이 녹는 것뿐만 아니라 남극 바다에 크릴새우가 줄어들면서 펭귄의 먹이가 사라지고 있어. 붉은 새우처럼 생긴 크릴은 펭귄의 주식이고 영양가가 풍부해 '남극의 쌀'이라고도 불려. 그런데 기후 변화로 크릴의 먹이인 조류가 줄고 있는 데다 건강 보조 식품을 만들기 위해 사람들이 무분별하게 잡아들이면서 크릴은 지난 40년 동안 70%나 줄어들었어. 펭귄 입장에서 보면 엎친 데 덮친 격이지. 식물성 플랑크톤에서 크릴, 펭귄, 바다표범, 고래로 이어지는 남극 생태계가 연쇄적으로 큰 충격을 받을 수밖에 없어.

남극에 있는 미국의 맥머도 기지에서는 4월 25일을 '세계 펭귄의 날'로 정했어. 기후 변화로 서식지가 파괴되고 멸종 위기에 처한 펭귄을 보호하자는 의미를 담고 있지. 황제펭귄을 비롯해 전 세계 펭귄 열일곱 종 가운데 절

반이 넘는 열한 종이 멸종 위기 또는 멸종 취약종으로 지정돼 있어. 남극의 펭귄이 최대 위기에 직면한 것은 바로 인류 때문이야. 동물원이 아닌 남극에서 펭귄을 오래 보고 싶다면 지구의 기후 변화를 멈춰야 해.

빙하가 불러온 생태계 대혼란

빙하가 품고 있는 다양한 영양분은 생태계를 건강하게 유지해 주는 역할을 해. 남극 대륙의 거대한 빙상 아래에 흐르는 물을 분석한 결과 철과 인, 티타늄, 망간, 알루미늄, 니켈 같은 미량 원소가 풍부한 것으로 나타났어. 풍화 작용으로 암석이 부서지며 빙하 속에 포함돼 있다가 빙하가 녹으면서 검출된 거야. 빙하의 미량 원소는 플랑크톤의 먹이가 되기 때문에 해양 생태계를 지탱하는 생산자 역할을 한다고 볼 수 있어.

그런데 최근 빙하가 녹으면서 해양 생태계가 위기에 처했어. 남극의 경우, 심해에서 솟아오르는 풍부한 영양분이 있었지만, 최근 기후가 온난해지면서 빙하 녹은 물이 해수면을 채우고 있어. 빙하 녹은 물에도 영양분이 가득하니까 큰 문제가 아닐 것 같다고? 문제는 해양 생태계가 적응할 시간도 없이 너무 빠르게 변화가 진행되고 있다는 점이야.

심해에서 올라온 바닷물에는 질소 성분이 많았던 반면 육지의 퇴적물을 싣고 온 빙하에는 철 성분이 더 많아. 빙하 녹은 물이 남극의 해수면을 점령하자 깊은 바닷물이 위로 올라오는 흐름이 막혀 버렸고 바다에는 철분이 우세해졌어. 그 결과 질산염을 먹고 살던 해양 생물이 점점 사라지고 철을 먹는 생물이 늘어나기 시작했어. 남극 바다의 생태계가 큰 변화에 직면한 거지. 또 빙하가 녹으며 생긴 담수가 남극 바다에 퍼지면서 염분이 낮아지고, 이로 인해 생물들이 연쇄적으로 피해를 입고 있어.

실제로 2022년 미국 조지아대학교 해양과학부 연구팀이 남극의 빙하가 녹으면서 생태계에 어떤 변화를 몰고 왔는지 조사했어. 서남극에 있는 스웨이츠 빙하는 '지구 종말의 날' 빙하로 불릴 정도로 빠르게 녹고 있어. 그런데 빙하가 녹는 것과 함께 식물성 플랑크톤부터 크릴과 작은 오징어, 바다표범, 펭귄에 이르기까지 남극 생태계 전반이 급변하고 있다는 연구 결과가 나왔지.

남극 스웨이츠 빙하 주변 바다에서는 빙하에서 흘러나온 철분이 증가하면서 철을 먹고 사는 플랑크톤이 늘어났어. 철에 기반한 생태계가 만들어졌고 예기치 않게 바다표범의 수가 많아지게 되었어. 원래는 바다표범이 나타나던 곳이 아닌데 먹이 환경이 바뀌면서 서식지도 변화한 거야. 표면적으로는 생태계가 번성하는 것처럼 보이지만 그 이면에는 멸종하는 종들이 존재하지.

남극 바다에 철분이 지속적으로 증가하면 생태계의 균형이 무너질 거라고 연구팀은 경고했어. 우리가 골고루 음식을 먹어야 하는 것처럼 바다도 영양분의 균형이 필요하기 때문이야. 남극의 빙하가 녹으면서 시작된 변화는 생태계를 뒤바꾸고 전 세계 수산업에도 영향을 주게 될 거야. 물론 남극에서 시작된 나비 효과는 우리 식탁까지 바꿔 놓을 게 분명해.

빙하에 의존하는 육지 생태계도 변화를 피할 수 없어. 프랑스 연구팀이 온실가스에 따른 전 세계 빙하 면적을 추정한 결과 2100년이 오기 전에 절반으로 줄어들 거라는 결과가 나왔어. 일단 2040년까지 빙하 면적은 무조

건 줄어드는 추세를 보이고 이후에는 온실가스 배출량에 따라 결과가 달라진다고 해. 만약 2050년까지 탄소 중립에 성공하면 이번 세기말에 빙하가 사라지는 면적은 탄소 중립에 실패할 경우와 비교해 22% 줄어들 전망이야.

빙하가 녹으면서 이번 세기에 햇볕에 노출되는 땅의 면적도 33만 9,000m²에 달할 거라는 예측이 나왔어. 그 결과 얼음 밑에 있던 생물이 다시 번성할 수 있다는 소리인데, 실제로 최근에 400년 동안 잠들어 있던 이끼에서 새로운 미생물이 발견되는 등 과학자들의 예상은 현실이 되고 있어.

동물의 세계에서도 변화가 목격되고 있어. 남극에서는 빙하가 점점 줄어들고 기온은 따뜻해지면서 따뜻한 기후에서 사는 남방큰재갈매기가 서식지를 넓혀 가고 있지. 연구팀은 미래 생태계가 안전하게 유지되기 위해선 빙하가 사라지는 것을 최대한 막아야 한다고 경고했어. 또 급변하는 생태계에 대비해야 한다고 강조했단다.

틈새 토론

탄소세를 걷어도 될까?

환경 보호를 위한 방법으로 탄소를 많이 배출하는 사람이나 기업에게 탄소세를 걷자는 주장이 나오고 있다.

찬성

세금을 더 내면 오염을 줄이려는 노력이 생길 거야.

반대

환경을 지키는 건 중요하지만 세금 부담이 너무 커.

생각 TIP

- 탄소세를 도입한 나라가 있을까?
- 탄소세는 누구에게 영향을 줄까?
- 기후 변화 문제는 누가 해결해야 할까?
- 탄소세가 어떻게 쓰이는지 알 수 있을까?

찬성 근거

1) 핀란드, 폴란드, 독일 등 여러 나라가 탄소세를 도입한 덕분에 온실가스 배출량을 줄이고 친환경 정책을 강화할 수 있었어.

2) 탄소세는 단순한 벌금이 아니라 책임 있게 행동하라는 신호야. 탄소를 많이 쓰는 쪽이 더 부담을 지면, 자연스럽게 친환경 기술이나 대체 에너지를 고민하게 되지.

반대 근거

1) 기후 변화는 주로 대규모 산업 활동에서 생긴 거야. 그런데 탄소세는 모두에게 적용돼서 일반 시민도 피해를 봐. 문제를 만든 쪽과 책임지는 쪽이 다른 게 과연 공정한 걸까?

2) 탄소세로 걷은 돈이 어떻게 쓰이는지 시민들이 알기는 어려워. 제대로 쓰이지 않고 낭비될 위험이 있고, 무작정 세금을 늘리면 정부는 신뢰를 잃을 수도 있어.

3장

빙하는 우리의 미래다

#1.5도 온난화 #해수면 상승 #기후 난민

#기후 재난 #제3극 #영구 동토층

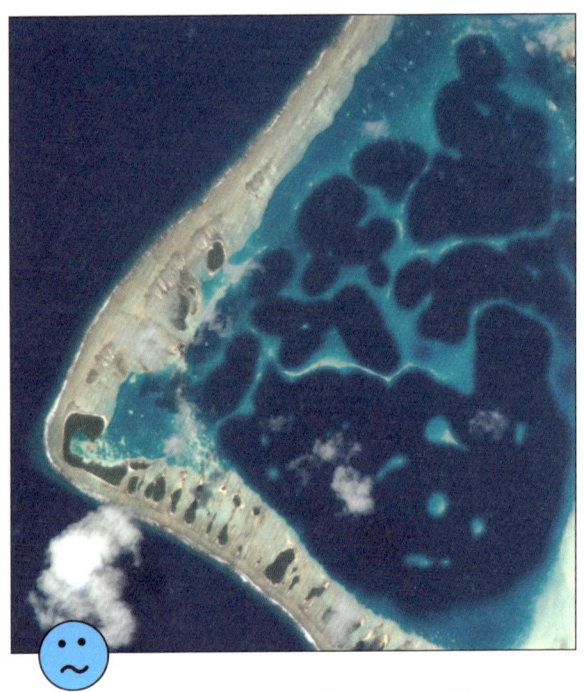

해수면 상승으로 사라질

위기에 처한 섬나라들

빙하가 녹으면 가장 걱정되는 곳은 어디일까?

바로 바닷물이 점점 올라오는 섬나라들이야.

투발루는 이미 섬 일부가 바다에 잠겼고,

키리바시는 다른 나라 땅을 사서

이사 갈 준비를 하고 있어.

심지어 뉴욕, 마이애미, 시드니 같은

대도시도 해수면이 높아지고 있대!

예상보다 빨라진 빙하의 소멸

2023년 미국의 과학 잡지 〈사이언스〉에 빙하가 녹는 속도가 예상보다 더 빠르다는 연구 결과가 실렸어. 이대로 기후 변화가 진행되면 2100년까지 빙하의 3분의 2 정도가 사라지고 최악의 경우 80% 넘게 녹을 것으로 예측됐지. 규모가 큰 그린란드와 남극 빙하를 제외한 전 세계 21만 5,000여 개의 육지 빙하를 조사한 결과야.

실제로 세계기상기구(WMO)가 발표한 스위스 알프스 빙하의 변화 추이를 보면 얼마나 빠른 속도로 육지 빙하가 사라지고 있는지 실감할 수 있어. 2001년 알프스 빙하의 양은 76.7km³였지만 2022년에는 49.2km³로 3분의 1이나 줄어들었거든. 그런데 그래프를 보면 2000년대 들어 줄곧 마이너스인 데다 2022년에는 6.2%나 감소해 최대치를 기록했어. 알프스 전역에서 빙하의 두께가 평균 3~4m나 줄어들 정도였지.

전 세계 정부는 2015년 파리 협정에서 지구의 평균 기온 상승 폭을 산업화 이전과 비교해 1.5도 이내로 억제하기로 약속했잖아. 그런데 연구에 따르면 1.5도 온난화

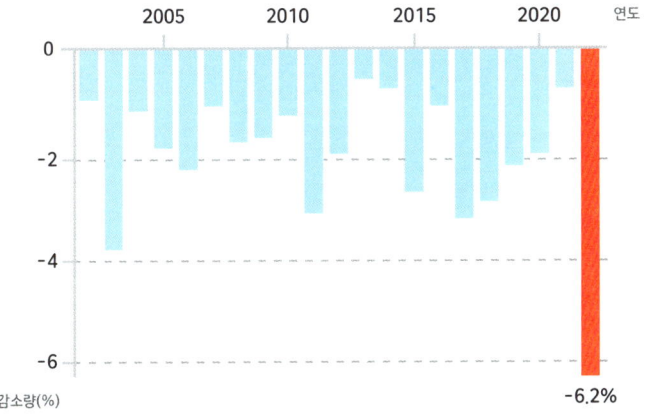

알프스 빙하의 감소 폭을 보여 주는 그래프

에 성공하더라도 2100년 전 세계 빙하의 절반 정도가 사라지는 것으로 나타났어. 현재 수준으로 온실가스를 계속 배출하는 기후 시나리오에서는 빙하의 68%가, 지금보다 온실가스 배출량이 늘어나는 최악의 시나리오인 4도 온난화에서는 83%가 녹아 없어지는 결과가 나왔지. 말 그대로 빙하가 소멸하는 시대가 찾아오는 거야.

지구의 온도 상승을 1.5도 이내로 억제해도 빙하가 급속히 사라지는 이유는 이미 대기 중에 이산화탄소가 엄청나게 많기 때문이야. 화석 연료를 태울 때 나오는 이산화탄소는 한 번 배출되면 200~300년 동안 대기에 머물며 지구를 뜨겁게 만들거든. 지금 당장 이산화탄소 배출을 0으로 줄여도 그 효과는 먼 미래에 나타난다는 뜻이야. 하지만 바로 탄소 중립을 실천하지 않으면 탄소에 발목 잡히는 미래가 더 길어질 수밖에 없어.

탄소 배출 시나리오에 따라 2100년 빙하의 손실량은 38조 7,000억 톤에서 많게는 64조 4,000억 톤에 이를 전망이야. 춘천에 있는 소양강댐에 29억 톤의 물을 저장할 수 있으니까 소양강댐의 최대 2만 배에 이르는 양이야. 이렇게 많은 물이 빙하에서 녹아내리면 어떻게 될까? 해수면이 빠르게 상승하며 세계 곳곳이 수중 도시로 변하게 될지 몰라. 연구팀의 계산에 따르면 전 세계 해수면이 9~16.6cm 상승할 거라고 해. 이전에 나온 연구보다 최대 10% 이상 높아진 거야.

물론 이 연구는 남극과 그린란드를 제외한 결과야. 영국에서 조사한 결과 지난 23년(1994~2017년) 동안 지구에 존재하는 빙하 28조 톤이 녹아서 사라졌어. 남극(6억 5,000억 톤)과 그린란드(7조 6,000억 톤) 빙하가 절반을 차지했지. 빙하가 녹는 속도는 나날이 빨라지고 있어. 1990년대에는 매년 8,000억 톤의 얼음이 녹았지만 2000년대 들어서 1조 2,000억 톤, 2010년대는 1조 3,000억 톤으로 가속도가 붙었어. 특히 두꺼운 대륙 빙하인 빙상의 끝자락이 바다와 맞닿아 있는 빙붕이 심각하게 무너지고 있단다.

지금처럼 탄소를 배출한다면 2100년 무렵 전 세계 해수면은 62cm에서 최대 238cm 상승할 것으로 나타났어. 남극과 그린란드를 포함해 히말라야 등 산악 빙하까지 모두 합친 양이야. 최악의 경우 성인 남성의 키를 넘어가는 2m 이상 해수면이 상승할 수 있다는 건데 과연 그런 상황에서 우리의 삶이 지속 가능할까.

한 가지 더 의미심장한 점은 1.5도 온난화에 성공한다고 해도 지구의 열기를 금세 식힐 수 없고 그사이에도 빙하가 계속 녹을 거라는 거야. 탄소 중립 국면에서도 이번 세기말 빙하의 절반이 사라질 수 있다는 예측을 앞서 살펴봤잖아. 아무리 노력해도 막을 수 없다면 미래에 맞게 될 재난에 피해가 없도록 철저하게 대비해야 해.

빙하의 소멸과 해수면 상승이 불러올 난민 문제와 홍수, 수자원 부족, 식량 고갈, 생태계 변화, 미생물 유출 등 가능한 모든 상황을 가정하고 준비해야겠지. 특히 재난 취약 계층이 소외되지 않도록 세심한 계획을 세워야 해. 멀리는 태평양의 섬나라 주민들이 해수면 상승으로 국토를 잃고 떠돌며 난민이 될 거야. 전 세계의 기름진 곡창 지대가 물에 잠기거나 홍수 피해를 입어 곡물 가격이 치솟게 될 거고 우리나라 해안가에서는 해수면 상승으로 태풍이 북상할 때마다 해일 피해도 급증할 거야.

지금부터는 빙하에서 시작된 나비 효과가 우리의 미래에 어떤 거대한 태풍을 몰고 올지 차근차근 살펴볼게.

한반도 해수면 상승 시나리오

빙하가 녹은 물은 해수면을 높이는데, 우리나라는 국토의 삼면이 바다로 둘러싸여 있어서 더 걱정스러워. 지난 30년(1991~2020년) 동안 우리나라 연안의 평균 해수면은 매년 3mm씩 높아진 것으로 조사됐어. 특히 1990년대보다 2010년대 들어 해수면이 상승하는 속도가 10% 이상 빨라진 것으로 나타났지. 기후 위기가 가속화되며 많은 빙하가 녹고 있고 바닷물이 따뜻해지며 부피가 늘어나는 열팽창도 가속화됐기 때문이야.

매년 몇 mm 수준이라고 하니까 얼마 안 된다고 생각할지 몰라. 하지만 기후 위기를 막지 못한다면 그 속도는 점점 빨라질 거야. 부산 하면 시원한 바다와 고층 건물이 랜드마크인 해운대가 떠오르지. 그런데 2100년 부산의 해수면이 지금보다 최대 80cm 넘게 높아질 거라는 국립해양조사원의 예측이 나왔어. 매년 9.5mm씩 상승하는 건데 지금보다 세 배 이상 해수면 상승 속도가 빨라진다는 뜻이야.

지금처럼 화석 연료를 많이 사용하면 부산의 해안이 물에 잠기고 태풍이 올 때마다 위협적인 해일과 홍수 피해를 겪는 일이 반복되겠지. 여름 휴가지로 사랑받는 해운대도 잃게 될 거야. 하지만 온실가스를 적게 배출하는 저탄소 시나리오에선 부산의 해수면 상승 폭이 같은 시점에 47cm로 절반 가까이 줄어드는 것으로 나왔어.

온실가스를 이대로 배출할 경우 2030년 한반도 국토의 5%가 물에 잠기고 332만여 명이 침수 피해를 입게 될 거야. 국제환경단체인 그린피스의 시뮬레이션 결과인데, 이 내용은 영국의 과학 잡지 〈네이처 기후 변화〉에도 소개됐단다.

특히 태풍이 통과할 때마다 해수면 상승에 따른 해일과 홍수 피해가 더 커질 것으로 예상돼. 태풍은 뜨거운 적도 부근 바다에서 생기는 열대 저기압이야. 중심에는 강력한 상승 기류가 있어서 태풍이 지나가면 바닷물을 위로 끌어올려 폭풍 해일을 일으키지. 그런데 평소보다 해수면이 높아진 상태라면 해일의 파괴력도 커지고 홍수 피해도 더 심해질 수밖에 없어.

2030년 우리나라에서 가장 큰 침수 피해가 예상되는 지역은 경기도야. 피해 인구는 130만 명을 넘는 것으로 나타났어. 그다음으로는 인천이 약 75만 명, 서울이 약 34만 명, 전북이 약 31만 명 순이야. 한반도 서쪽 지역은 동쪽보다 고도가 낮아서 침수에 더 취약한데, 특히 인구가 밀집된 수도권에 피해가 집중될 것으로 보여.

그렇다면 먼 미래에는 어떨까? 그 결과는 우리 행동에 달려 있어. 그린피스의 시뮬레이션은 온실가스를 줄이려고 노력했을 때(1.5도 온난화)와 현재 상태를 유지했을 때(3~4도 온난화), 2070년 우리가 맞게 될 미래가 어떻게 달라지는지 보여 줘. 내가 살고 있는 지역이 어떤 피해를 입을지도 알아볼 수 있게 했지. 해수면 상승이라고 하면 투발루나 몰디브 같은 섬나라를 떠올리는데 우리도 결코 예외가 아니라는 사실을 알겠지? 빙하가 녹은 물이 고도가 낮은 지역부터 서서히 차올라 지구촌을 수중 도시로 만들지 몰라.

고향을 버리고 이주?

남태평양의 투발루와 키리바시, 방글라데시, 인도네시아, 네덜란드, 이탈리아의 베니스 같은 지역은 이미 해수면 상승으로 직접적인 피해를 입고 있어. 투발루는 섬 아홉 개 중 두 개가 이미 바닷속으로 가라앉은 상태야. 2060년이 되면 국토의 대부분이 바다에 잠길 것으로 전망되고 있지. 국토 면적이 줄어드는 것뿐만 아니라 해안 침식과 재난, 짠 바닷물로 인한 농작물 피해도 갈수록 심해지고 있어. 급변하는 환경에 대응하기 위해 각국 정부는 다양한 대책을 마련하고 있지.

　중앙아메리카 카리브해에 있는 파나마는 북동부

연안에 위치한 가르디수그두브섬의 주민 1,300여 명을 파나마 본토로 이주시키기로 했어. 파나마 환경부는 2050년까지 해수면 상승으로 해안가 영토의 2%가 침수될 것으로 예상하고 있지. 태평양의 섬나라 키리바시는 물속으로 가라앉는 영토를 버리고 국민을 아예 새로운 땅으로 이주시키려는 계획을 실행 중이야. 피지의 바누아레부섬에 약 24km² 면적의 토지를 사서 거주지로 개발하고 있어.

마셜 제도의 원주민 중 3분의 1은 이미 미국으로 이주를 마쳤고 몰디브도 인도와 스리랑카에 새로운 거주지를 물색하고 있지. 인도네시아는 수도인 자카르타가 해수면 상승으로 침수 피해를 입자 아예 수도를 다른 곳으로 옮기려고 계획하고 있어. 전 세계적인 관광지인 이탈리아의 베니스는 해수면 상승에 의한 바닷물 유입을 막기 위해 수문을 만들고 있단다.

전 세계의 대도시들 역시 긴장하고 있어. 뉴욕이나 마이애미, 시드니 등 인구 1,000만 명이 넘는 도시 네 곳 가운데 세 곳은 해안 지역에 자리 잡고 있거든. 과거부터 해안가는 해상 교통과 무역의 중심지로 발달해서 많은

홍수 방지를 위한 베니스의 수문

인구가 살고 있어. 최근에는 멋진 전망 때문에 해안이 개발되고 대규모 주택이나 호텔, 리조트가 들어서고 있지. 그러나 사람들이 선호하는 해변이 기후 위기로 가장 위험한 곳이 되고 있어.

　2024년에 나온 세계기상기구의 보고서를 보면 전 지구 해수면 상승 속도는 눈에 띄게 빨라지고 있어. 1993~2002년에는 1년에 2.13mm가량이었는데 2003~2012년에는 3.33mm, 2015~2024년은 4.7mm로 집계됐어. 30년 만에 해수면 상승 속도가 두 배 이상 빨라진 거야. 엄청난 양의 담수를 품고 있는 그린란드와 남극 등의 빙하가 녹는다면 현재 mm 단위인 해수면 상승 속도가 m 단위로 급격히 늘어날 수 있다는 경고가 나오고 있어.

이미 진행 중인 해수면 상승을 단번에 막을 수는 없기 때문에 사람들을 구하는 것이 우선이야. 가장 중요한 것은 기후 위기를 불러온 근본 원인인 탄소 배출을 줄이는 일이지만 현재 벌어지고 있는 상황에 대처하는 것도 중요해. 과학자들은 해안가 침수를 피해 안전한 거주지로 이주를 서둘러야 한다고 주장하고 있어. 또 폭풍 피해를 줄이기 위한 제방을 쌓거나 물에 가라앉지 않는 부유식 정착지를 개발하는 것도 방법이 될 수 있어. 탄소 중립을 이루더라도 기후 위기의 영향은 당분간 계속될 것으로 보이기 때문에 안타까운 희생을 줄이기 위한 노력도 기울여야 해.

기후 위기에 대처하는 뉴욕의 자세

전 세계인이 사랑하는 도시 뉴욕은 화려한 고층 건물과 야경으로 유명해. 하지만 동시에 기후 위기로 큰 위협을 받고 있어. 2012년 허리케인 '샌디'가 찾아왔을 때 뉴욕에서만 마흔네 명이 사망했고 지하철이 물에 잠겨 나흘 동안 운행이 멈췄어. 120여 년 만에 처음으로 뉴욕증권거래소가 이틀 연속 문을 닫기도 했지. 열대 저기압인 허리케인이 지나가면서 뉴욕 동부 해안의 해수면을 평소보다 2m 이상 끌어올렸고 뉴욕은 그야말로 수중 도시가 됐단다.

최악의 피해를 불러온 허리케인 샌디를 계기로 뉴욕시는 홍수 피해를 막기 위한 프로젝트를 시작했어. 길이 4km, 높이 5m의 방파제가 동부 해안가에 건설되고 있는데 인구가 가장 많은 맨해튼이 폭풍 해일이나 홍수 피해를 입는 것을 막기 위해서야. 도시의 침수를 막기 위한 빗물 저장고도 공원 지하에 짓고 있어. 100년에 한 번 올 수 있는 강력한 허리케인을 가정하고 방재 대책을 세우고 있지.

그러나 방파제 같은 구조물로 기후 위기 피해를 막기에는 한계가 있어. 100년에 한 번 오는 홍수가 더 자주 일어나고 150~200년에 한 번 오는 더 강한 허리케인이 몰려온다면 어떻게 될까? 더 높은 방파제를 지으면 해결될까? 기후 위기를 막기 위한 근본적인 해결책인 탄소 중립을 위한 노력이 바탕이 되어야 방파제 같은 대책도 효과를 낼 수 있을 거야.

뉴욕시는 잦아지는 재난에 대응하는 것뿐 아니라 탄소를 줄이기 위한 정책도 적극적으로 펼치고 있어. 뉴욕에는 지하철과 버스 등 대중교통망이 거미줄처럼 잘 깔려 있어 화석 연료 배출이 적은 편이야. 그런데 밤이 되면 화려한 네온사인이 켜지면서 대낮처럼 환해지는 타임스퀘어를 떠올려 봐. 건물이 에너지를 많이 소비하고 있다는 걸 짐작할 수 있어.

뉴욕시는 2030년부터는 모든 신축 건물에 화석 연료 사용을 금지하고 기존 건물의 경우 에너지 소비를 엄격하게 제한하겠다고 밝혔어. 목표는 2050년까지 탄소 중립을 달성하는 거야. 자전거 도로를 확장하고 도시 전체에 평균 4km 간격으로 촘촘하게 전기 자동차 충전 시

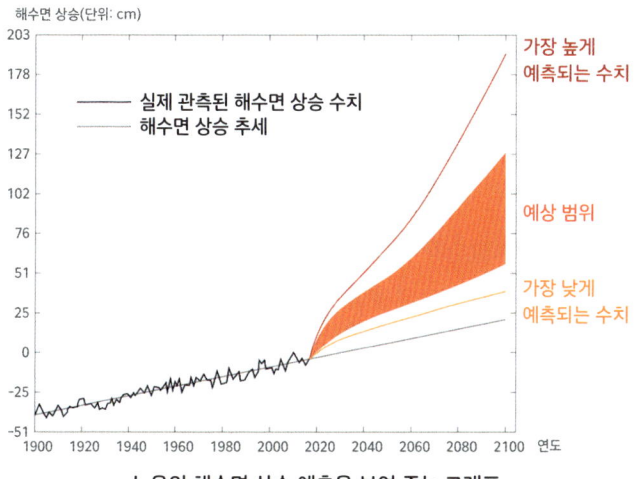

해수면 상승(단위: cm)

- 실제 관측된 해수면 상승 수치
- 해수면 상승 추세

가장 높게 예측되는 수치

예상 범위

가장 낮게 예측되는 수치

뉴욕의 해수면 상승 예측을 보여 주는 그래프

설을 만들고 있지. 온실가스와 매연을 많이 배출하는 경유 트럭의 운행을 줄이고 저소득층 100만 가구의 주택에는 태양광 패널을 설치해 재생 에너지 보급을 늘리기로 했어. 이 모든 과정에 뉴욕 시민들이 자발적으로 참여했어. 자기가 사는 도시가 물에 잠길 수 있다는데 가만히 있을 사람은 없겠지?

2023년 뉴욕에서 유엔 안전보장이사회 회의가 열렸어. 안토니우 구테흐스 유엔 사무총장은 기후 위기로 지난 세기 동안 바다의 수온이 1만 1,000년 만에 가장 빠른 속도로 올랐고, 해수면 상승은 3,000년 만에 가장 빠른 속도로 진행되고 있다고 말했지. 런던, 로스앤젤레스, 방콕, 부에노스아이레스에 이르기까지 전 세계 인구 10분의 1을 향한 위기가 덮쳐 오고 있고 몇몇 국가는 파도에 휩쓸려 소멸할 것이라고 경고했어. 뉴욕도 예외는 아니기 때문에 기후 위기 대응에 최선을 다하고 있는 거야.

세계기상기구는 2050년까지 기온 상승 폭을 1.5도로 막아도 해수면 상승은 멈추지 않을 것이며 앞으로 2,000년 동안 2~3m 오를 것으로 내다봤어. 기온이 2도 오르면 해수면은 6m 상승하고, 5도 오르면 최고 22m까지 치솟을 거란 무서운 전망도 나왔지.

전 세계적으로 해안의 낮은 지역에 살면서 직접적인 해수면 상승의 영향을 받게 될 사람은 약 9억 명으로 추산돼. 기후 위기로 삶의 터전을 잃은 기후 난민이 계속 생겨나고 땅과 자원, 식수를 둘러싼 분쟁도 더욱 치열해질 게 불 보듯 뻔해.

시리아 내전으로 100만 명의 난민이 유럽으로 몰려들었는데 해수면이 2m 상승하면 시리아 난민보다 200배 많은 난민이 생겨날 거라는 경고도 나오고 있어.

유엔 국제법위원회는 기후 난민의 법적 지위를 적극적으로 검토 중이야. 2020년 유엔 인권위원회는 기후 난민을 본국으로 돌려보내는 행위는 국제법에 어긋난다는 판결을 내리기도 했어.

사라지는 빙하, 위협받는 수자원

프랑스에서 생산된 한 생수 브랜드는 빙하가 녹은 물로 만들었다고 광고한 적이 있어. 알프스 산자락의 빙하가 흘러든 호숫물이 바로 수원지였거든. 빙하가 녹은 물이라니 왠지 엄청 깨끗하고 시원할 것 같지 않아?

오랫동안 쌓인 눈이 다져져 만들어진 빙하는 엄청난 양의 물을 얼음 형태로 저장하고 있어. 우리가 마실 수 있는 소중한 담수지. 빙하는 여름이 되면 녹아서 강으로 흐르고 인류는 예전부터 이 물에 기대어 살아왔단다. 빙하가 녹은 물이 강물의 양을 늘 일정하게 유지해 준 덕분에 사람들은 농사를 짓고 산업을 발전시킬 수 있었지.

히말라야산맥의 빙하는 중국과 인도, 파키스탄, 네

팔, 부탄 등 16개 나라의 20억 명에게 수자원을 제공해. 그런데 세계기상기구는 이번 세기말에 히말라야 빙하가 대부분 사라질 수 있다고 전망했어. 수많은 강과 하천에 물을 공급해 주던 빙하가 없어지면 전 세계 인구의 4분의 1은 엄청난 위기를 맞게 될 거야.

히말라야 빙하는 아시아에서 가장 큰 일곱 개의 강에 물을 공급하는 역할을 해왔어. 여기에는 인도의 갠지스강과 인더스강, 중국의 양쯔강과 메콩강 등이 포함돼. 그중 중국에서 시작해 미얀마, 태국, 라오스, 캄보디아, 베트남을 거쳐 남중국해로 흐르는 메콩강은 세계에서 열두 번째로 길고, 열 번째로 물이 많은 강이야. 그런데 히말라야 빙하가 점점 사라지면서 아시아의 젖줄이라 불리는 강들이 마를 위기에 놓였어.

변화는 이미 시작됐어. 중국에서 나온 조사 결과에 따르면 중국 서부에 있는 히말라야 빙하가 빠르게 사라지고 있거든. 빙하 하면 남극이나 북극 같은 고위도를 떠올리지만, 우리나라와 가까운 중국에도 많은 빙하가 있단다. 중국의 빙하 면적은 5만여 km²로 캐나다와 미국, 러시아 다음으로 넓은 면적이지. 전 세계 중·저위도에 분포하는 빙하의 30%를 차지할 정도야.

그런데 중국 서부의 빙하가 지난 40년간 4.5% 줄어
든 것으로 나타났어. 해발 고도 6,000m에 있는 히말라
야의 밍융 빙하는 최근 20년 사이 녹는 속도가 이전보다
두 배나 빨라졌어. 1999년 처음으로 전망대가 만들어졌
을 때는 해발 고도 2,600m에서 빙하를 볼 수 있었지만,
2020년에는 3,000m 이상 올라가야 빙하가 보일 정도였
어. 20년 사이에 500m 가까이 빙하의 고도가 높아진 거
야. 빙하가 사라지면서 해발 고도 4,000m에서 포도 농사
를 지을 수 있게 됐어. 고산 지대의 기온이 높아졌기 때문
인데 우리나라에선 서늘한 강원도에서 사과 농사를 짓게
된 것과 비슷해.

전문가들은 한 번 녹은 빙하는 회복이 불가능하다고
경고하고 있지. 중국이 빙하로 얻는 수자원은 황허강에
서 바다로 흘러 들어가는 물의 양과 맞먹을 정도야. 앞으
로 빙하가 줄어들면 중국은 극심한 물 부족에 시달릴 가
능성이 커.

중국은 전 세계에서 가장 많은 온실가스를 배출하는
나라야. 그런데 탄소 배출을 적극적으로 줄이지 않으면

가장 먼저 수자원이 고갈되는 피해를 입게 될 거야. 중국 정부는 2060년까지 탄소 중립을 실현하겠다는 목표를 세웠어. 이를 위해 2035년까지 화석 연료로 움직이는 자동차를 모두 없애겠다는 등 다양한 정책도 추진하고 있지. 앞으로 중국 정부가 기후 위기를 막기 위해 어떤 모습을 보여 줄지 지켜보자.

눈 대신 비 내리는 빙하 지대

최근 빙하 지대에서 공통적으로 목격되는 현상이 있어. 과거보다 비가 자주 내리고 있다는 점이야. 북극의 그린란드와 스발바르 제도에서, 히말라야산맥의 빙하 지대와 세계에서 가장 높은 에베레스트산 정상에서도 눈 대신 비가 오는 날이 늘고 있어. 이건 기온이 올라가면서 생긴 변화야.

2023년 영국의 과학 잡지 〈네이처〉에 히말라야 지역의 강수량이 증가하고 있다는 논문이 발표됐어. 미국 로렌스버클리국립연구소와 미시간대학교 연구팀은 해발 고도 8,848m로 세계 최고봉인 히말라야 에베레스트산의 사례를 제시했지. 2023년 6월 1일부터 10일까지 에베레스트산의 누적 강수량은 245.5mm였어. 이 중 75%가 비였고 나머지는 비와 눈이 섞이거나 눈으로 내렸다고 해. 그런데 1년 전만 해도 전체 강수량에서 비가 차지하는 비율은 32%에 불과했고 2021년과 2020년에도 각각 40% 수준이었어.

실제로 히말라야산맥과 가까운 기상 관측소의 책임자들은 눈이 내리는 빈도가 줄고 비가 잦아지고 있다고 증언하고 있어. 심지어 고도가 낮은 지역에서는 날씨가 따뜻한 우기 때 폭우가 쏟아지고 그 결과 홍수가 나고 있다고 말했지. 빙하가 녹은 물로 채워지던 강은 이제 폭우로 쏟아진 빗물로 채워지고 있는 거야.

인도와 네팔, 파키스탄 등 히말라야산맥이 걸쳐 있는 국가에 최근 홍수나 산사태가 자주 발생하고 있어. 기후 위기로 빙하가 녹고 비가 잦아지면서 나타난 변화야. 빙하가 녹으면 대기 중 수증기가 늘어나고 결국 강수량 증가로 이어질 수밖에 없어. 지면의 기온이 0도 이하로 낮으면 구름 속 물방울이 얼어 눈으로 내리겠지만 지금은 기온이 영상일 때가 많아 눈이 내리기 어려운 조건이 되고 말았어. 눈은 이제 높은 고도에서만 볼 수 있는 희귀한 기상 현상이 된 거야.

유엔 산하 기후 변화에 관한 정부 간 협의체에서 2019년 〈기후 변화와 토지에 관한 특별 보고서〉를 통해 지구 기온이 상승하면서 산악 지역에 내리는 눈의 양도 줄어들고 있다고 밝혔어. 북극이나 남극 같은 고위도 지역과 마찬가지로 히말라야산맥처럼 고도가 높은 지역은 온난화 속도가 전 세계 평균보다 세 배가량 빠른 속도로 진행되고 있어. 그 결과 빙하가 사라지면서 강우량이 늘어나게 됐고 예기치 못한 홍수를 불러오고 있는 거야. 고마운 수자원이었던 빙하가 기후 위기의 흉기로 돌변해 수많은 생명을 앗아 가고 있어.

빙하가 일으킨 쓰나미와 대홍수

2021년 2월 인도 북부의 히말라야 고산 지대에서 대규모 홍수가 발생했어. 댐과 수력 발전소 두 곳이 완전히 무너지고 교각과 도로도 끊길 정도였어. 인명 피해도 컸는데 최소 26명이 숨지고 200명 넘게 실종됐지. 홍수를 일으킨 원인은 바로 해발 고도 7,000m에 위치한 빙하였어. 빙하가 녹으면서 만들어진 물웅덩이(빙하호)가 넘쳐서 저지대에 쓰나미처럼 쏟아져 홍수를 일으킨 거야. 이러한 홍수를 '빙하호 폭발 홍수'라고 불러.

규모에 따라 수백만에서 수천만 톤에 달하는 물을 가두고 있는 빙하호는 언제 터질지 모르는 시한폭탄과 비슷해. 댐에 갇혀 있는 물은 수문을 여닫아 방류하는 양을 조절할 수 있지만 빙하호를 받쳐 주는 흙은 비가 많이 오면 쉽게 무너져 내릴 수 있어.

빙하호가 넘치기 시작하면 1초에 1만 5,000톤의 물이 쏟아질 정도로 위협적이야. 우리나라 팔당댐의 여름철 방류량이 초당 7,000~1만 톤인 것과 비교하면 얼마나 빠른 속도인지 감이 오지? 사람이 휩쓸려 가고 마을이 통째로 사라질 수도 있어. 히말라야산맥에는 빙하호가 8,000개 정도 있는 것으로 추정돼. 이 가운데 200개가 붕괴 위험이 높은 것으로 알려져 있지. 히말라야산맥 인근의 주민들은 시한폭탄을 곁에 두고 사는 셈이야.

네팔 히말라야산맥의 빙하호

2022년에는 중국에서도 서부 고원 지대의 빙하가 녹으면서 야르칸드강 유역에 홍수가 발생했어. 2,500만 톤에 달하는 물이 흘러들며 주민들이 긴급 대피해야 했지. 같은 해 브라마푸트라강 유역에서도 빙하가 무너져 6,600여 명이 피해를 입는 일이 반복됐어.

2020년 11월에는 캐나다의 웨스트그렌빌 빙하가 갑자기 무너져 내렸어. 다행히 호수 주변에 사람이 살지 않아 인명 피해는 없었지만 100m까지 물기둥이 치솟았어.

미국 알래스카 역시 빙하가 급격하게 녹고 있는 곳

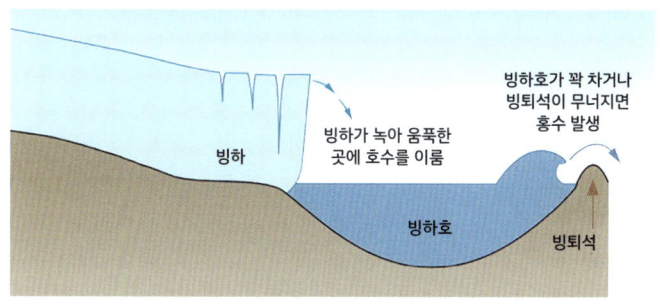

빙하가 녹아 움푹한 곳에 호수를 이룸

빙하

빙하호

빙퇴석

빙하호가 꽉 차거나 빙퇴석이 무너지면 홍수 발생

빙하호의 형성과 범람

이야. 2023년 8월 알래스카 주노에서 멘덴홀 빙하가 녹은 물이 흘러내려와 큰 홍수가 발생했어. 거센 물살에 집이 떠내려가고 물가에 서 있던 나무들도 통째로 휩쓸려 갔지. 마을 하류에 있는 호수의 수위가 1m 가까이 높아지면서 저지대가 잠겼고 주민들은 서둘러 대피했어. 마을은 마치 여름철 수해를 입은 모습이었지만 원인은 빙하였지.

알래스카 주노 지역에서는 2007년 이후 축구장 여덟 개 면적의 빙하가 녹아 사라지기도 했어. 2011년에는 빙하가 있던 자리에 마른 땅이 드러나고 풀까지 자라나기 시작했는데 주민들은 자나 깨나 홍수 걱정에, 관광객의 발길이 끊길까 봐 걱정하는 처지가 됐단다. 알래스카 주민 대부분은 빙하를 보러 오는 관광객을 대상으로 하는 관광 산업으로 살아가고 있기 때문이야. 빙하가 사라지고 초록색으로 변한 알래스카는 더 이상 사람들의 눈길을 끌지 못하게 될 거야.

2023년 영국과 뉴질랜드 공동 연구팀은 전 세계 1,500만 명의 사람들이 빙하호에서 발생하는 홍수 피해를 입게 될 것이라는 논문을 발표했어. 그런데 피해의 절반 이상은 인도와 파키스탄, 중국, 페루 네 나라에 집중된다고 해. 바로 히말라야 빙하에 기대어 살아가고 있는 지역이야. 특히 파키스탄 북부에 사는 사람들은 매우 위험한 상황에 처해 있다고 연구팀은 경고했어.

히말라야산맥에 이어 남미의 안데스산맥도 빙하호의 홍수 위험이 큰 곳으로 나타났어. 페루의 산타 분지와 볼리비아의 베니 분지의 상황이 가장 위태로운 것으로 조사됐지. 1990년대 이후 인류가 거주하는 지역과 가까운 곳에 빙하호의 개수와 규모가 급격하게 증가한 것으로 보여. 하지만 얼마나 많은 지역이 위험한지 아직 연구가 부족하다고 연구팀은 말했어.

빙하가 녹은 물로 해수면이 상승해 고향을 떠나야

하는 기후 난민처럼 빙하 지대에 사는 사람들도 빙하가 녹는 물에 미래가 잠기고 있어. 이들의 생명을 지키기 위해서 빙하호의 홍수 위험을 정확히 진단하고 위험이 다가오기 전에 안전한 곳으로 대피시켜야 해.

제3극을 지켜라

남극, 북극과 함께 '제3극'이라고 부르는 지역이 있어. 바로 아시아에 걸쳐 있는 히말라야산맥부터 티베트고원까지를 이르는 말이야. 해빙과 빙하가 있는 극지와 마찬가지로 제3극에도 고산 지대 빙하가 넓게 분포하는데, 최근 들어 예상보다 더 빠르게 녹고 있어.

　2024년 6월 '제3극 기후 포럼'이 중국에서 열렸어. 제3극의 기후 변화를 정확하게 파악하고 대책을 마련하기 위한 목적이었지. 히말라야를 비롯해 티베트고원의 평균 기온이 점점 상승하는 추세고 여름철 더위도 잦아지고 있어. 강수량 역시 평년 수준을 웃돌며 비가 많이 오고 있는데 모두 빙하를 사라지게 만드는 조건들이야.

세계에서 가장 많은 담수를 담고 있는 제3극의 빙하는 고산 생태계는 물론이고 저지대에 사는 수십억 명의 생존을 위해 꼭 필요해. 하지만 아직 정확한 실태 조사나 연구가 부족한 게 현실이야. 중국과 몽골, 인도, 동남아시아 등 여러 나라의 이해관계가 얽혀 있어 국제 협력도 쉽지 않아. 동시에 홍수나 산사태 등 빙하가 녹으면서 생길 수 있는 재난에 대한 준비는 턱없이 부족하지.

세계기상기구는 제3극과 관련된 많은 국가는 여전히 재난에 대응할 수 있는 시설이 부족하고 정보와 돈, 인력도 많이 부족하다고 밝혔어. 제3극 기후 포럼이 열린

눈 덮인 티베트고원의 산

목적은 바로 주변국끼리 더욱 협력하고 재난을 막을 수 있는 시설과 대책을 서둘러 마련하기 위해서였어.

특히 최근에는 우리나라 기후에 티베트고원의 영향력이 커지고 있단다. 티베트고원을 덮은 눈이 빠르게 녹으면서 동아시아 날씨에 큰 변화를 일으키고 있거든. 티베트고원이 뜨겁고 건조해지면 우리나라에는 봄철 황사가 자주 생기고 여름철 폭염이나 장마가 심해질 수 있어.

실제로 2018년 우리나라에 찾아온 한 달 넘는 역대 가장 긴 폭염은 티베트고원에서 세력을 확장한 티베트고기압의 입김이 있었어. 티베트고원에서 가열된 뜨겁고 건조한 공기가 고도 5km 넘는 높이로 솟아오르며 키가 큰 고기압을 만들었는데 그것이 한반도로 밀려와 극한 폭염을 일으켰어. 제3극의 빠른 기후 변화가 결코 남의 일이 될 수 없는 이유야.

영구 동토층 무너지며 거대한 구멍이!

북극 시베리아 지역에선 가끔 깜짝 놀랄 만한 뉴스가 나와. 땅이 꺼지고 수십 m 깊이의 거대한 구덩이가 발생하는 건데 '싱크홀'이라고 불러. 2014년 시베리아 북부에서 지름 90m가 넘는 세계 최대의 싱크홀이 발견됐어. 구덩이의 중심은 깊이를 가늠하기 어려울 정도고 주변은 그을린 흔적이 남아 있었지. 이후에도 크고 작은 싱크홀이 시베리아에서 자주 발견됐는데 2020년에는 너비 20m, 깊이 39m에 이르는 거대한 싱크홀이 세상에 모습을 드러냈어. 외계에서 커다란 운석이라도 날아온 걸까?

과학자들은 온난화로 메테인 가스가 많이 나오면서 싱크홀이 생긴다고 보고 있어. 시베리아 북서부는 한겨울 기온이 영하 50도까지 내려가는 추운 곳이야. 그런데 지난 40년 동안 평균 기온이 5도 정도나 높아졌고 땅속에 얼어 있던 영구 동토층이 빠르게 녹기 시작했어. 영구 동토층은 2년 이상 얼어 있는 고위도의 땅을 말해.

영구 동토층에는 과거에 묻힌 식물과 동물이 꽁꽁 얼어붙어 있는데 얼음이 녹으면서 그 안에 있던 미생물도 깨어나게 됐어. 미생물이 유기물을 소화하며 배출하는 가스가 바로 이산화탄소와 메테인이야. 특히 천연가스의 주성분인 메테인은 이산화탄소 다음으로 기여도가 높은 온실가스란다.

땅 밑에 메테인이 가득 차면 어떤 일이 벌어질까? 소화가 안 될 때 배가 부르고 가스가 차는 것처럼 땅이 점점 부풀어 오르고 어느 순간 견디지 못하고 폭발하게 될 거야. 이때 얼음 조각과 흙더미가 파편처럼 흩뿌려지며 땅 밑에 싱크홀이 생기는 거야.

영구 동토층에는 대기 중에 있는 탄소보다 두 배나 많은 양이 존재하고 메테인 역시 어마어마한 양이 묻혀 있는 것으로 추정돼. 북극에 생긴 싱크홀은 그 안에 오랜 시간 냉동돼 있던 탄소와 메테인이 깨어나 대기 중으로 퍼지고 있다는 신호야. 싱크홀 뉴스는 신기한 화젯거리가 아니라 심각한 걱정거리인 셈이지.

2022년 7월 내가 취재했던 북극 스발바르 제도에서도 영구 동토층이 빠르게 녹고 있었어. 한여름 해가 지지 않는 백야 기간에는 특히 땅속 얼음이 빠르게 녹으면서 물웅덩이가 만들어졌어. 물기가 가득한 땅을 걸으면 바닥이 침대 매트리스처럼 출렁거렸단다. 당시에 시베리아보다는 규모가 작지만 멀리서도 한눈에 알아볼 수 있는 싱크홀을 발견하기도 했어. 불룩 솟은 토양층 아래로 수십 cm 두께의 평평한 얼음층이 보였는데 주변에는 얼음이 녹은 물이 흘러들어 급류가 흐르고 있었지. 빙하와 마찬가지로 땅속 영구 동토층이 녹으며 거대한 호수가 만들어지기도 해.

스발바르 제도에서 만난 주민들은 영구 동토층이 녹으면서 큰 위협에 직면해 있었어. 여름이 되면 땅이 녹으며 솟구치는 바람에 건물에 피해가 발생하고 있었지. 생각해 봐. 건물은 보통 땅 위에 짓는데 땅이 계절에 따라

시베리아 야말반도에 생긴 거대 싱크홀

출렁거리며 움직인다면 어떻게 될까? 스발바르 제도에 있는 3층짜리 아파트는 지진이 난 것처럼 벽에 금이 가면서 유리창이 깨지고 기둥이 뒤틀려서 결국 주민들이 모두 떠나고 말았어. 우리가 방문했을 때는 건물만 흉물스럽게 방치돼 있었지.

과거에도 물론 여름이면 영구 동토층이 녹는 현상이 있었기 때문에 스발바르 제도의 건물들은 대부분 기둥 위에 지어. 건물의 직접적인 파손을 막기 위해서야. 그런데 기후 위기가 가속화되며 땅이 움직이는 정도가 더 심해지자 기둥 위의 집도 더 이상 안전하지 못하게 됐어. 더 깊은 곳에 있는 영구 동토층이 녹기 시작했거든. 영구 동토층이 많이 녹을수록 집을 안정적으로 만들기 위해 기둥을 더 깊이 드릴로 박아야 하거든. 최근에 짓는 도시의 집들은 땅속 20m 깊이까지 기둥을 박고 있다고 주민들은 말했지. 지진이 잦은 환태평양 지진대도 아닌 북극에서 지진동과 맞먹는 땅의 움직임을 견뎌야 하는 셈이야.

깨어나는 미지의 미생물

1991년 9월 19일 알프스산맥의 계곡을 등반하던 한 부부가 얼음에 묻힌 시체를 발견했어. 조난된 등산객이라고 생각하고 신고했는데, 뜻밖의 결과가 나왔지. 약 5,300년 전 청동기 시대에 살았던 중년 남성의 미라였던 거야. 빙하에 덮여 냉동 상태로 유지되었기 때문에 나이와 키, 몸무게, 식생활, 건강 상태 등을 상세하게 분석할 수 있었지. 미라는 전 세계적으로 유명해졌고 '아이스맨'이라는 별명이 붙었어

아이스맨 미라를 부검한 결과 건강 상태가 매우 좋지 않은 것으로 나타났어. 심장병과 담석증, 진드기로 감염되는 라임병, 기생충, 관절염 등 각종 질병에 시달렸던 것으로 나왔어. 그런데 냉동 상태로 잘 보관된 시체라면 그 안에 미생물이 살아 있지 않을까? 실제로 이런 우려는 현실이 될 수 있어. 기후 위기로 빙하가 빠르게 녹으면서 그 안에 얼어 있던 미생물이 깨어날 수 있다는 연구 결과가 잇따르고 있거든.

유럽과 북미, 그린란드의 빙하 표면에서 녹은 물을

분석한 결과 1㎖에 평균 1만 개의 미생물이 발견됐어. 여기에는 질병을 옮길 수 있는 바이러스나 박테리아도 포함돼 있을 수 있어. 티베트고원의 빙하 스물한 곳에서는 미생물 968종이 나왔는데 그중 98%가 지금껏 발견된 적 없는 종으로 드러났어. 미지의 미생물이 세상에 어떤 영향을 줄지는 알 수 없지만, 코로나19처럼 우리가 처음 겪어 보는 치명적인 바이러스로 퍼져 나갈 수도 있어.

2016년 러시아 시베리아에서 75년 만에 탄저병이 발생했어. 탄저병은 피부나 호흡기, 소화기를 통해 감염되는 병이야. 처치가 늦으면 쇼크로 인한 사망에 이를 수도 있어. 우리나라에서는 제1급 감염병으로 지정돼 있어. 그런데 시베리아에 사는 열두 살 목동이 탄저병으로 사망한 것을 시작으로 유목민 20여 명이 감염됐고 순록 수천 마리가 폐사하는 일이 일어난 거야.

탄저병이 무섭게 퍼져 나간 이유는 바로 이상 고온으로 영구 동토층이 녹았기 때문이야. 땅속에 얼어 있던 순록의 사체가 드러나면서 그 안에 있던 탄저균이 노출된 건데 사람까지 감염된 것은 이례적인 일이었지. 탄저균은 얼어붙은 사람이나 동물 사체 안에서 수백 년 동안 생존할 수 있어. 전염성도 강하고 치명적이어서 과거에는 독일 나치나 일본 제국군이 생물학 무기로 사용할 정도였지. 그런데 빙하가 녹으면서 위험성이 더 커진 거야.

2020년에는 시베리아에서 고대 매머드 화석이 발견됐어. 멸종한 매머드가 우리 눈앞에 금방이라도 깨어날 것처럼 보이는 생생한 상태로 나타난 거야. 꽁꽁 얼어붙은 영구 동토층에 묻혀 근육과 연골, 섬유 조직까지 고스란히 보존돼 있었거든. 2022년 캐나다 북서부에서도 3만 년 전에 살았을 것으로 추정되는 아기 매머드 사체가 모습을 드러냈어. 매머드뿐 아니라 수만 년 전 빙하기에 살았던 동굴곰과 털코뿔소의 미라도 속속 발견되고 있어. 고생물학자들은 잘 보존된 고대 동물의 미라에 열광하고 있지만, 빙하가 녹으면서 자꾸 오래전 동물들이 발견되는 건 결코 달갑지 않은 일이야.

지구의 빙하는 1990년대 이후 해마다 1조 톤씩 녹고 있는 것으로 추정돼. 빙하가 녹은 물은 지금도 강과 호수, 바다로 흘러가고 있지. 매일 먹고 씻는 물에 우리가 모르는 물질이 섞여 있다면 어떨까. 물론 수돗물은 살균을 거치지만 호숫물과 하늘에서 쏟아지는 비도 안심할 수 없어. 빙하가 녹아 사라지면 해수면 상승뿐만 아니라 지구의 모든 생명을 위협하는 커다란 위기가 될 거야.

남극 빙하에서 발견된 중금속

1911년 노르웨이의 탐험가 로알 아문센은 처음으로 남극 대륙의 중심부인 남극점에 도달했어. 그전까지만 해도 발을 디디기 힘든 미지의 땅이었지. 그런데 놀라운 점은 사람의 발길이 닿기 훨씬 전부터 남극 대륙에는 지구의 온갖 오염 물질이 퍼져 있었다는 거야. 과학자들은 남극에서 빙하를 시추해 산업화가 시작된 1850년대부터 1900년대의 샘플을 얻었어. 그런데 100년 정도의 짧은 시간 동안 납의 농도가 5배나 증가한 것으로 나타났지.

납은 산업화 과정에서 많이 사용된 금속이야. 전지의 전극과 충전지를 만드는 재료로 널리 쓰였어. 납은 독성이 강해 심하면 신체 마비와 뇌 손상까지 불러와 최근에는 사용이 금지됐지만 가끔 뉴스를 보면 어린이들이 가지고 노는 장난감에서 납이 검출됐다는 소식이 나오기도 하지. 그런데 청정한 남극에서 어떻게 납 같은 중금속이 나오게 된 걸까.

남극해를 오가던 거대한 선박들이 범인으로 지목됐어. 고래와 물개를 잡으려고 많은 선박이 남극으로 몰려들었거든. 과거에는 정제되지 않은 석유를 연료로 사용했기 때문에 납 같은 중금속 성분이 많이 배출됐어.

요즘 선박은 원유에서 휘발유와 등유, 경유를 증류하고 난 다음에 나오는 중유를 많이 사용해. 석유 하면 떠오르는 검고 끈적이는 기름으로 발열량이 석탄보다 두 배 높고 열효율도 뛰어난 데다 가격도 저렴하지. 특히 대형 선박들은 중유 가운데 벙커시유를 주로 사용해.

요즘 선박들은 과거보다 중금속 배출은 줄었지만, 여전히 일산화탄소(CO)와 질소산화물(NOx), 이산화황(SO_2), 미세먼지($PM10$, $PM2.5$), 휘발성유기화합물($VOCs$) 같은 오염 물질이 많이 배출되고 있어. 남극에 최근에 쌓인 눈이나 빙하 표면을 조사하면 유해 성분이 납에서 이산화황이나 미세먼지로 변하지 않았을까?

선박뿐만 아니라 대기 중의 물질도 바람을 따라 남극에 도달해. 1923년 미국에서 납 성분이 들어 있는 유연 휘발유가 제너럴모터스(GM)에 의해 판매되기 시작했어. 유연 휘발유를 사용하면 자동차의 소음이 줄어들어 당시 유연 휘발유를 '신의 선물'이라고 부르기도 했대.

그러나 납의 독성이 알려지면서 사회적 논란이 일었고 결국 미국에서는 1996년 유연 휘발유의 사용이 금지됐어. 그 자리를 납이 없는 무연 휘발유가 대체했는데 우리나라는 미국보다 빠른 1993년에 유연 휘발유 판매를 금지했어. 하지만 무연 휘발유가 금지되기까지 70년 동안 수십 억대의 자동차들이 납을 내뿜고 다녔어. 남극의 빙하에서 납이 나오는 것도 이상한 일이 아니지.

지구는 우주에 뻥 뚫린 공간이 아니라 닫힌 공간이야. 대기와 물이 순환하며 균형을 맞추고 있지. 오늘 내가 마신 공기는 수백 년 전 나폴레옹이 마신 공기일지도 몰라. 그리고 우리가 마신 물 한 잔은 미래 하늘에서 내릴 빗물이 될 수도 있어. 마찬가지로 우리가 배출한 오염 물질이나 쓰레기 역시 사라지지 않고 지구 어딘가를 떠돌며 흔적을 남기고 있다는 사실을 명심해야 해.

심지어 남극의 해저에서도 고농도의 납과 구리, 아연 같은 중금속이 발견됐어. 2001년 제조가 금지된 발암 물질인 폴리염화바이페닐도 머물고 있었지. 문제는 남극 바다의 오염 농도가 세계적인 항구인 호주 시드니 항구와 맞먹을 정도였다는 거야. 선박에서 연료가 많이 새어 나오는 데다 남극에 있던 과학 기지에서 폐기물이 많이 배출됐거든. 과거 연구소들은 쓰레기를 처리하지 않고 주변에 그대로 버렸대.

결국 남극의 환경과 생태계를 보호하기 위한 〈환경 보호에 관한 남극조약의정서〉가 1991년 국제 협약으로 채택됐어. 남극을 자연 보호 구역으로 지정하고 연구소의 활동을 국제적으로 감시하기 시작한 거야. 하지만 1991년에 지어진 기지들 때문에 이미 남극에 많은 오염 물질이 쌓였어. 남극을 위한 연구가 남극을 파괴하는 활동이 되면 절대 안 될 텐데 말이야.

남극에는 100개 이상의 연구소와 기지가 들어서 있고 앞으로 더 많은 시설이 지어질 것으로 보여. 남극의 빙하에 계속 오염의 흔적을 남긴다면 미래 후손들이 우리를 어떻게 기억하게 될까. 아르헨티나의 남극 연구소는 과거 기지 주변의 오염된 흙에서 탄화수소를 제거하는 작업을 하고 있어. 화학 약품이 아닌 박테리아를 이용해 친환경적으로 접근하고 있지. 이런 노력에 힘입어 2020년에는 아르헨티나 기지 주변의 오염된 토양에서 탄화수소 75% 이상이 제거됐단다.

빙하기가 다시 온다고?

가장 최근의 빙하기는 지금으로부터 11만 년 전 신생대 제4기 플라이스토세에 시작돼 10만 년 가까이 지속됐어. 1만 2,000년 전 빙하기가 완전히 끝나고 지금은 온화한 간빙기가 이어지고 있지. 같은 빙하기라고 해도 엄청나게 추운 시기와 덜 추운 시기가 있었어. 지구가 냉동실처럼 추웠던 시기는 2만 년 전에 찾아온 '마지막 최대 빙하기'였어.

그런데 1만 2,800년 전을 기점으로, 끝난 줄 알았던 빙하기가 갑자기 지구를 덮쳤어. 당시에 번성했던 식물인 담자리꽃나무의 학명인 드라이아스 옥토페탈라(*Dryas octopetala*)를 따서 이 시기를 '영거 드라이아스'(Younger Dryas)기라고 불러. 영거 드라이아스기는 1,000년 정도 계속되며 빙하기의 '뒤끝'을 확실히 보여 줬어. 지구의 평균 기온이 지금보다 3~4도 낮을 정도였지. 산업화 이후 지구의 평균 기온이 고작 1도 정도 올랐는데도 우리가 겪고 있는 변화를 생각해 봐. 3~4도가 불러오는 변화가 얼마나 큰지 짐작이 가지?

원인은 '대양 대순환'으로 불리는 해류의 약화로 보여. 북대서양 그린란드 주변에선 차갑고 염분이 높은 바닷물이 심해로 가라앉아. 겨울철 바닷물이 얼면서 해빙이 만들어질 때 소금 성분만 남기 때문에 염분이 높아지는 건데 염분이 높을수록 밀도가 커져 무거워지지. 대양 대순환은 바닷물의 수온과 염분에 의한 밀도 차이가 핵심 동력이 되기 때문에 '열염 순환'이라고도 불러.

심해의 바닷물은 인도양과 태평양으로 퍼져 나가며 데워지고 서서히 상승해 다시 그린란드로 돌아와. 전 지구의 바다를 크게 돌며 열을 순환시키는 컨베이어 벨트 역할을 하는 거야. 그린란드에 차가운 바닷물이 가라앉으면 그 자리로 따뜻한 멕시코 만류가 밀려들어 북극이 더 추워지는 것을 막아 주지. 태평양으로 흘러간 해류는 적도가 펄펄 끓지 않도록 식혀 줘. 마치 우리 몸에 흐르는

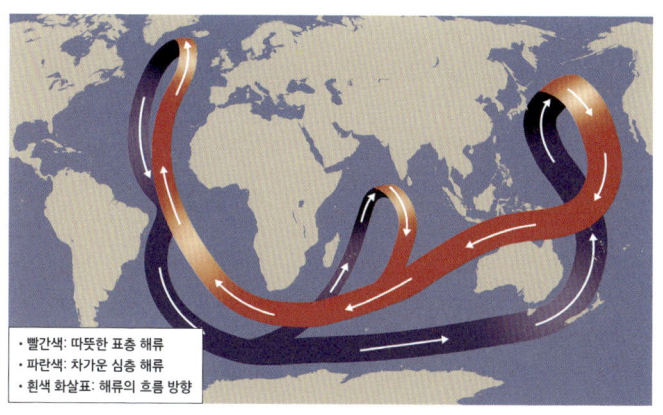

전 세계 열염 순환을 보여 주는 지도

혈액처럼 대양 대순환은 지구의 체온을 균형 있게 유지해 줬어.

그런데 북극에 엄청난 양의 담수가 밀려들어 왔어. 기온 상승으로 캐나다의 빙하가 급격하게 녹아 버렸거든. 갑자기 대양 대순환이 멈추고 영거 드라이아스기가 찾아왔지. 북반구 대륙이 얼음으로 뒤덮이고 생명의 온기는 사그라들었지. 과연 이런 일이 또다시 발생할까? 기후학자들은 모두 그렇다고 대답하고 있어. 지구의 기상에 가장 큰 영향을 주는 바닷속 깊은 곳에 흐르는 해류에 변화가 생긴다면 빙하기가 올 가능성이 크다는 거야. 과

거에 캐나다 빙하가 녹아 버리며 갑작스러운 빙하기를
불러왔듯 이번에도 그 시작은 바로 빙하가 될 거야.

틈새 토론

기후 난민을 받아들여야 할까?

지구 온난화로 기후 난민이 늘고 있다. 이들을 선진국이 받아들여야 하는지를 두고 국제 사회의 의견이 나뉘고 있다.

찬성

기후 변화를 일으킨 책임이 더 큰 선진국이 피해를 입은 사람들을 도와야 해.

반대

선진국도 자국의 문제와 경제 부담이 커서 모든 기후 난민을 감당하기 어려워.

생각 TIP

기후 변화의 원인을 더 많이 만든 쪽은 누구일까?

국제 사회는 기후 난민 문제에 어떻게 대응하고 있을까?

기후 난민을 받아들이는 데 현실적인 한계는 없을까?

자국의 경제나 사회도 고려해야 하지 않을까?

찬성 근거

1) 기후 위기의 주된 원인은 산업화 이후 온실가스를 많이 배출한 선진국들이야. 문제를 만든 쪽이 책임지는 건 당연해. 피해국을 돕는 건 의무에 가까워.

2) 유엔도 기후 난민 문제를 국제적으로 해결하자고 말해. 선진국이 먼저 받아들이면 다른 나라에도 좋은 영향이 있을 거야. 기후 정의를 위해 연대가 필요할 때야.

반대 근거

1) 기후 난민이 계속 늘어나면 선진국도 감당하기 어려울 수 있어. 집, 교육, 의료 등 다양한 사회 시스템이 부담을 느낄 거야. 현실적으로 감당할 수 있는 한계도 고려해야 해.

2) 선진국도 자국의 국민을 먼저 챙겨야 할 책임이 있어. 경제 상황이나 사회 갈등을 무시하고 무조건 수용하는 건 위험할 수 있어.

4장

기후 변화에서 빙하를 지켜라!

#북극 증폭 #툰드라 그리닝 #탄소 중립

#지구 공학 #재생 에너지 #블루카본

기후 온난화를

부추기는 축산업

치킨, 삼겹살, 햄버거!

고기 요리는 언제나 인기 메뉴지.

그런데 소고기 한 조각이 지구를

뜨겁게 만든다는 사실, 알고 있어?

소가 내뿜는 메테인은 대표적인 **온실가스**야.

소고기 1kg을 생산하는 데

무려 60kg의 온실가스가 나오지.

그러니 고기를 조금만 덜 먹어도

지구를 지킬 수 있어!

30년 만에 밝혀진 기후 변화의 진실

1850~1900년 사이에 진행된 2차 산업 혁명으로 지구는 빠르게 뜨거워졌어. 산업화 이전까지만 해도 지구의 기온은 오히려 낮은 편이었지. 그러나 인류가 석탄과 석유 같은 화석 연료를 많이 사용하면서 대기 중으로 이산화탄소가 뿜어져 나왔어. 이산화탄소는 지구의 열기를 가둬 두는 온실가스야. 과거에는 화산 분화처럼 자연적으로 배출되는 이산화탄소가 많았지만 지난 170여 년 사이 인간에 의한 인위적인 배출이 폭발적으로 늘어났어.

산업 혁명과 화석 연료, 이산화탄소, 그리고 기후 변화의 연결 고리를 이해하기까지는 오랜 시간이 걸렸단다. 유엔은 1988년 기후 변화를 과학적으로 증명하기 위해 '기후 변화에 관한 정부 간 협의체'를 만들고 1990년 이후 지금까지 여섯 차례의 평가 보고서를 발표했어. 가장 최근인 2023년에 나온 6차 종합 보고서에는 인간에 의한 기후 변화가 명백하다는 결론이 실려 있지. 기후 변화의 실체를 과학적으로 증명하고 그 범인이 인간임을 밝혀 내는 데 무려 30년 넘는 시간이 걸린 거야.

그동안 지구 대기의 이산화탄소 농도는 끝없이 치솟았어. 2025년 5월에는 전 지구의 이산화탄소 농도를 감시하는 하와이 마우나로아 관측소에서 처음으로 430ppm 선을 넘어섰어. 산업화 이전의 280ppm과 비교하면 50% 이상 증가했단다. 화석 연료에서 배출되는 온실가스인 이산화탄소의 양이 코로나19 등 특정 시기를 제외하면 계속 늘고 있는 건데 그 결과 지구의 평균 기온이 파죽지세로 상승하고 있어.

2024년, 인류는 지구의 역사를 새로 썼어. 가속화되는 온난화에 뜨겁게 달아오른 바다의 영향이 더해지면서 지구 온도가 역대 최고로 치솟은 거야. 세계기상기구는 2024년 전 지구의 평균 기온이 산업화 이전(1850~1900년)과 비교해 1.55도 상승했다고 발표했어. 인류가 근대적인 온도 관측을 시작한 이후 174년 만에 가장 높았던 거야.

1.5도 하면 뭐 떠오르는 것 없니? 2015년 파리 협정에서 전 세계 정부는 산업화 이전과 비교해 지구의 평균 기온 상승을 1.5도 이내로 제한하기로 약속했잖아. '1.5도 온난화'는 인류 생존을 위한 공동의 목표이자 마지노선

이 됐어. 그런데 벌써 1.5도 넘게 올라갔다니 이거 정말 실화일까?

물론 파리 협정에서 말하는 1.5도 온난화는 한 해의 온도가 일시적으로 기준을 넘어가는 것을 의미하지 않아. 5년, 10년, 이렇게 지속적으로 산업화 이전보다 1.5도 높은 기온이 쌓여 평균이 되는 것을 뜻하지. 하지만 지난해도, 올해도, 내년도 계속 뜨거운 날들이 이어진다면 오랜 기간의 평균이 되는 날도 금방 찾아오고 말 거야.

세 배 빠르게 뜨거워지는 북극

한 가지 눈여겨봐야 할 것은 지구의 기후 변화가 모두 똑같이 진행되지 않는다는 점이야. 어느 지역은 더 불타오르고 또 어느 지역은 오히려 서늘하기도 해. 위도와 고도, 지형, 환경, 지표면 등에 따라 흡수하고 반사하는 햇빛의 양이 달라지기 때문이야. 우주에서 지구를 촬영한 위성 사진을 보면 일단 거대한 바다가 눈에 들어오고 육지를 이루는 숲과 농경지, 도시 등 다양한 요소가 존재한다는 사실을 알 수 있잖아.

그런데 지구에서 가장 빠르게 데워지고 있는 지역이 바로 북극이야. 산업화 이후 지구 전체의 평균 기온이 1.5도 정도 상승할 때 북극에서는 세 배나 빠른 변화가 나타났어. 이러한 현상을 '북극 증폭'이라고 불러. 왜 고위도의 북극에서 더 많은 기온 상승이 나타나는 걸까? 북극은 태양에서 들어오는 에너지도 중위도나 저위도와 비교해 적을 텐데 말이야.

비밀은 북극의 정체성이나 마찬가지인 눈과 얼음에 있어. 북극권은 북극해와 북극해를 둘러싸고 있는 대륙을 말해. 북위 66도 이상에 위치한 캐나다와 미국, 러시아, 노르웨이, 스웨덴, 핀란드, 그린란드, 아이슬란드 등 여덟 개 나라가 포함돼 있지. 북극해에는 바다 얼음인 해빙이 퍼져 있고 그 주변에는 눈과 빙하가 자리하고 있어.

그런데 산업화 이후 지구가 따뜻해지면서 북극의 눈과 얼음이 녹기 시작했어. 하얀 눈과 얼음이 사라진 자리에는 짙푸른 바다와 땅이 드러났지. 문제는 이 바다와 땅이 햇빛을 더 많이 흡수한다는 거야. 그 이유는 색에 따라 햇빛을 반사하는 정도가 다르기 때문이야. 그것을 '알베도'라는 단위로 표현할 수 있어. 알베도는 어떤 물체가 빛을 받았을 때 반사하는 정도를 나타내. 만약 햇빛을 모두 흡수하면 0, 모두 반사하면 1이라고 보면 돼.

새로 내린 깨끗한 눈의 알베도는 0.7에서 0.9에 달해. 햇빛을 대부분 반사하는 거지. 겨울에 스키장에 가면 눈 표면에 반사된 햇빛이 너무 강해서 눈을 제대로 뜨기 힘들잖아. 우리가 고글을 쓰는 이유지. 반대로 바다와 흙, 나무는 눈보다 알베도가 낮아서 햇빛을 더 많이 흡수해.

북극해의 해빙이 많이 녹으면 더 많은 바다가 드러나고 바다가 더 많은 햇빛을 흡수해 더 많은 해빙을 녹이는 악순환이 일어나. 여름철 북극의 해빙이 2030년이면 모두 사라질 수 있다는 예측이 나오는 것도 이 때문이야.

북극해를 둘러싼 대륙의 사정도 마찬가지야. 햇빛을 반사하던 눈과 빙하가 사라지고 그 자리에 나무와 풀이 자라면서 최근 북극권의 서늘한 툰드라 기후 지역이 초록색으로 변하고 있어. 이런 현상을 '툰드라 그리닝(Tundra Greening)'이라고 불러. 식물이 광합성으로 이산화탄소를 흡수하니 기후 위기를 늦출 수 있다고 좋아할 수도 있어.

기후 온난화에서 비롯한 툰드라 그리닝

　　그러나 눈과 빙하가 사라지면서 기온 상승이 빨라지고 있다는 연구 결과들이 나오고 있어. 나무와 숲은 고마운 존재지만 북극의 초록색 풍경은 비정상이야. 북반구의 가장 고위도인 북극에는 아주 오래전부터 빙하가 존재했고 지구 자전축이나 공전 궤도의 변화에 따라, 계절에 따라 빙하가 커졌다 줄어들기를 반복해 왔지.

　　북극은 지구를 시원하게 해주는 에어컨 역할을 했어. 그 핵심에 바로 빙하와 해빙이 있었지. 그런데 지금은 북극에서 전 지구 평균보다 세 배 이상 빠른 온난화가 진행되면서 눈과 얼음이 급속하게 사라지고 있어. 지구의 기후를 조절하던 북극이 고장 난 셈이야.

백색 아닌 초록색 알프스?

위도가 높은 북극뿐만 아니라 고도가 높은 지역에서도 급속한 변화가 일어나고 있어. 하얀 눈으로 상징되는 유럽의 알프스산맥이 점점 초록빛으로 물들고 있다는 조사 결과가 나왔어. 스위스 바젤대학교 연구팀이 1984년부터 2021년까지 알프스 지역의 위성 사진을 분석했더니 그 기간 동안 풀과 나무의 면적이 이전 시기 대비 77% 늘어난 것으로 나타났어.

심지어 사막에서 볼 수 있는 선인장이 알프스에서 목격돼 충격을 주고 있어. 미국과 멕시코 북부에 서식하는 프리클리페어 선인장이 주인공이야. 손바닥처럼 얇고 넓은 줄기 때문에 우리나라에선 '부채선인장'이라고 불러. 덥고 건조한 땅에서 잘 자라는 부채선인장은 수백 년 전 알프스에 들어와 잠복해 있다가 최근 기후 변화로 눈이 많이 녹으면서 서식지가 넓어진 것으로 보여. 부채선인장은 생명력이 강인해 영하의 온도도 견딜 수 있지만 습기에는 약해. 그러나 알프스의 눈이 사라지면서 선인장이 살 만한 곳으로 변한 거야. 선인장이 갑자기 늘어나

알프스에서도 발견되고 있는 프리클리페어 선인장

면서 다른 토종 식물의 개체수가 줄어드는 등 생태계를 위협하고 있는 것도 큰 문제야.

고지대 역시 북극과 비슷한 상황에 직면하면서 눈과 빙하가 빠르게 녹고 있어. 눈과 빙하가 녹은 자리에 식물이 자라나면서 기온이 더 올라가는 '양의 되먹임'이 가속화되고 있지. 기온 상승이 더 큰 기온 상승을 불러오며 무한 반복되는 거야. 알프스산맥 같은 고산 지대의 기온도 전 지구 평균보다 두 배가량 빠르게 상승하고 있어.

따뜻해진 날씨 탓에 알프스산맥에는 예전처럼 많은 눈은 내리지 않고 있어. 알프스산맥의 스키장들은 해발 고도 1,500m를 넘나드는 높은 고도에 있는데도 적설량이 줄어서 문을 닫는 곳이 늘고 있지. 아예 눈이 내리지 않는 해도 잦아지고 있어. 1970년대 이후 스위스 알프스의 연간 적설량이 평균 25% 감소했다는 연구 결과도 나왔지. 눈이 처음 내리는 시기도 늦어지고 대신 봄철에 눈이 녹는 시기는 앞당겨지고 있어. 눈 자체를 구경하기가 점점 힘들어지고 있다는 뜻이야. 하얀 눈 속에 스키장이 늘어서 있던 알프스에서 미래에는 낙타를 타고 선인장 구경만 질리도록 하는 날이 오는 건 아닐까. 상상만 해도 끔찍하지 않니.

아이스 메모리 프로젝트

과학자들은 1950년대부터 빙하를 이용해 온실가스와 기후를 연구하기 시작했어. 온실가스는 한 번 배출되면 금방 사라지는 게 아니라 오랜 시간 동안 대기 중에 머물러 있어. 메테인은 10년, 아산화질소는 120년, 이산화탄소는 200~300년 정도 머무는 것으로 알려져 있지. 따라서 과거에 온실가스 농도가 어떻게 변해 왔고 기온이나 해수면 상승에 어떤 영향을 줬는지 연구하려면 아주 오래전의 기록이 필요해. 과거의 기후가 어떻게 변해 왔는지 알아야 우리가 맞게 될 미래의 기후도 정확하게 예측할 수 있거든. 그런데 지구 깊은 곳의 빙하는 머나먼 과거, 심지어 마지막 빙하기 때 내린 눈이 다져져 만들어졌기 때문에 과거 기후에 대한 단서를 풍부하게 담고 있지.

그런데 북극과 남극, 고산 지대의 빙하가 모두 녹아 버리면 어떤 일이 벌어질까? 기후 연구의 귀중한 단서가 사라지고 우리는 수수께끼를 영영 풀지 못하게 될 수도 있어. 영화 〈투모로우〉에서 주인공도 남극의 빙하 코어를 분석하다가 기후에 엄청난 변화가 닥쳐올 것을 예감하게 되잖아.

빙하는 우리뿐만 아니라 미래 세대에게도 보물 같은 자원이야. 미래에는 지금보다 과학 기술이 더 발전할 테고 빙하를 통해 얻게 될 지식이 지금보다 더 많아질 테니까. 그러니 빙하를 그대로 보존해 후손에게 전해 주는 일은 현재를 살아가는 우리의 의무이기도 해.

2015년 프랑스와 이탈리아 등 국제 공동 연구팀은

'아이스 메모리 프로젝트'를 시작했어. 전 세계 고산 지대에 있는 빙하를 시추해 남극으로 운반하는 프로젝트야. 마치 타임캡슐에 귀중한 물건을 보관해 미래에 열어 보게 하는 것처럼 말이야. 빙하 코어는 남극 대륙에서 가장 춥고 고립돼 있는 콩코르디아 기지로 향하고 있어. 콩코르디아 기지는 해발 고도 3,233m의 남극 평원에 있는 프랑스-이탈리아 공동 기지로, 평균 기온이 영하 54도에, 겨울에는 영하 84도까지 떨어지는 무시무시한 곳이야.

연구팀은 2016년 8월 알프스산맥 몽블랑산의 콜뒤돔 빙하에서 길이 126m의 빙하 코어를 처음으로 시추했

빙하 코어를 보관하는 장소가 된 콩코르디아 기지

어. 2017년 5월에는 볼리비아의 일리마니 빙하에서 두 개의 코어를 뚫어 냈지. 사라지는 빙하의 기억을 보존하기 위한 노력은 지금도 계속되고 있어. 2023년까지 러시아와 탄자니아, 스발바르 제도에서도 빙하 샘플을 확보하는 데 성공했어.

아이스 메모리 프로젝트의 목표는 일단 20년 안에 20개의 빙하 코어를 확보하는 거야. 궁극적으로 전 세계 모든 빙하에서 수백 개 이상의 빙하 코어를 추출해 수 세기 뒤의 과학자들에게 전해 주기 위한 프로젝트로 다른 나라에 참여를 독려하고 있지.

남극을 빙하 저장고로 선택한 이유는 일단 추운 날씨 때문이겠지? 게다가 남극은 특정 국가의 땅이 아니기 때문에 인류 공동의 유산인 빙하를 보관하기에 최적의 장소로 꼽혀. 만약 미국이나 러시아에 빙하를 보관했는데 나중에 자기 것이라고 우기는 상황이 벌어지면 난감하잖아.

아이스메모리재단은 빙하를 오랜 시간 안전하게 보관하기 위해 원칙을 세웠어.

1. 빙하는 어느 국가나 개인, 기관이 아닌 인류 공동의 소유다.

2. 앞으로 수십 년, 수 세기 동안 빙하를 보관하기 위해 20년 안에 남극 조약에 따라 국제기구로 관리를 이전한다.

3. 빙하는 미래의 과학자들이 과학적인 기준을 갖추고 인류에 미치는 영향을 연구할 때만 활용할 수 있으며 지정학적 목적으로는 이용할 수 없다.

북극 빙하의 운명은 기온에 달렸다

우리나라의 기초과학연구원(IBS)과 연세대학교, 부산대학교, 호주, 미국의 국제 공동 연구팀은 지구의 기온에 따라 북극의 빙하 면적이 어떻게 변할지 예측해 봤어. 파리협정에서는 지구의 평균 기온 상승을 산업화 이전보다 2도 미만, 가급적 1.5도 이내로 제한하기로 했잖아. 그런데 수십 개의 기후 예측 모델을 사용해 북극 빙하의 운명을 내다본 결과 2도 온난화에서는 9월에 북극 빙하가 완전히 녹을 가능성이 28%로 나왔어. 바다인 북극은 9월에 수온이 가장 높아지고 많은 해빙과 빙하가 녹아서 사라지거든.

만약 지구의 평균 기온이 산업화 대비 2.4도가 오르면 9월에 북극 빙하가 사라질 확률은 50%, 4.3도 온난화에선 95%로 분석됐어. 기온 상승을 막지 못한다면 북극의 빙하와 작별할 가능성이 점점 커지는 거야. 그러나 파리 협정에서 약속한 대로 1.5도 온난화에 성공한다면 그 확률은 6%로 줄어들어. 물론 북극 빙하를 100% 지킬 수는 없더라도 최선을 다해야겠지? 지금 우리가 어떻게 행동하느냐에 따라 북극 빙하의 미래가 결정될 거야. 우리가 빙하를 볼 수 있는 마지막 세대가 될 수도 있어. 그 책임에 대해 심각하게 고민해야 해.

과학으로 남극의 빙상을 지킨다고?

과학 기술을 이용해 인위적으로 지구의 기후를 조절하는 것을 지구 공학이라고 불러. 인공 강우에 대해 들어 본 적 있을 거야. 옛날부터 가뭄은 생존을 위협하는 재난이었기에 가뭄이 길어지면 기우제를 지내기도 했잖아. 인공 강우는 바로 현대판 기우제라고 할 수 있어. 하늘에 아이오딘화은(AgI) 같은 구름 씨앗을 뿌려서 비가 올 확률을 높이는 방법이야. 인공 강우는 대표적인 지구 공학 기술이라고 볼 수 있지.

그런데 최근 기후 위기가 심각해지자 과학자들은 지구의 기온을 낮출 수 있는 지구 공학적 방법을 생각해 내고 있어. 화산 폭발이 일어나면 대기 중으로 엄청난 화산재와 황 같은 입자가 퍼져 나가 지구의 기온을 일시적으로 낮추는 역할을 하잖아. 화산과 마찬가지로 햇빛을 반사하는 입자를 대량으로 뿌린다거나 거대한 반사판을 우주에 설치하고 구름을 많이 만드는 등 얼핏 황당해 보이지만 다양한 아이디어가 등장하고 있어. 이미 배출된 이산화탄소를 포집해 땅이나 바다 밑에 저장하고 재활용하는 기술도 발전하고 있지.

스위스 베른대학교 연구팀은 지구 공학을 이용해 태양 복사 에너지를 인위적으로 줄이면 서남극 빙상의 붕괴를 막을 수 있는지 연구했어. 서남극은 남극에서도 가장 온난화가 빠른 곳으로 지구 종말의 빙하로 불리는 스웨이츠 빙하가 있는 곳이잖아. 그럼 어떤 방법을 쓰는 걸까? 바로 성층권에 비행기나 풍선을 띄운 다음 미세한 고체 입자인 에어로졸을 뿌려 태양 복사 에너지를 차단하는 거야. 이렇게 하면 지상에서 보이는 하늘이 뿌옇게 변하고 당연히 땅으로 들어오는 햇빛도 줄어들게 되겠지.

결과는 온실가스 배출 시나리오에 따라 달라졌어. 온실가스를 현재와 같이 배출하는 시나리오에서는 지구공학적 방법을 써도 서남극의 빙상이 붕괴하는 것을 막을 수 없다는 결론이 나왔어. 인류가 지금처럼 먹고 입고 생활한다면 서남극 빙상의 소멸은 이미 정해진 운명이라는 소리야. 그러나 온실가스를 크게 줄이는 시나리오에서 2040년부터 태양 복사 에너지를 인위적으로 줄이는 방법을 쓰면 서남극의 비극을 피할 수 있다는 결과도 나왔어.

온실가스를 적극적으로 감축하는 가장 이상적인 시나리오에서는 인위적인 방법 없이 서남극 빙상을 지킬 수 있는 것으로 나타났어. 덕분에 해수면 상승 수준도 0.25~0.3m에 잡아 두면서 지구의 파국을 피할 수 있다고 해.

　지구 공학 기술은 기후 위기 시대 아주 급박한 순간에 유용하게 사용될 수 있기 때문에 여러 나라에서 관심을 갖고 연구하고 있어. 그러나 지구 공학 기술만 믿고 탄소를 펑펑 배출하다가는 어떻게 된다고? 빙하를 눈앞에서 떠나보내게 될 거야.

　남극이든, 북극이든, 알프스든 빙하를 온전히 지킬 수 있는 유일한 방법은 단 하나야. 지구의 기온 상승을 불러오는 온실가스를 줄이는 것이지. 그래서 인류는 2050년까지 탄소의 순 배출량을 0으로 줄이기 위해 노력하고 있어.

　지구 공학이 예기치 못한 부작용을 불러올 수 있다는 점도 고려해야 해. 에어로졸이 햇빛을 막으면 기온이 떨어지는 효과가 있지만 만약 그런 상태가 예상보다 오래 지속되면 어떻게 될까. 농작물 생산이 줄어 인류가 식량 부족에 시달릴 수 있어. 또 대기와 해양의 순환이 변하고 기후가 큰 혼란에 빠질지도 몰라.

　만약 에어로졸 뿌리다가 멈추면 어떤 일이 벌어질까? 전문가들은 지구의 기온이 급격하게 오를 수 있다고 해. 한 번 지구 공학적인 방법을 쓰면 멈출 수 없다고 경고하고 있어. 미래에 기술이 더 발전하면 물론 나아지겠지만 지구 공학만 믿고 탄소를 줄이지 않는다면 그건 지구를 걸고 거대한 도박을 벌이는 것과 마찬가지야. 여러분은 어떤 선택을 하고 싶어?

연구팀은 논문의 말미에 지구 공학은 지구를 대상으로 한 실험이며 기후 시스템을 위협할 수 있다고 결론지었어. 기후 시스템이 위험한 인위적 간섭을 받지 않는 수준으로 온실가스 농도의 안정화를 달성하는 것을 목표로 하는 '유엔 기후 변화 협약' 2조에도 어긋나므로 지구 공학을 금지해야 한다고 주장했지. 지구 공학적 방법으로 남극의 빙상을 지킬 수 있는지 연구한 논문에서 예상치 못한 경고가 나온 거야. 그만큼 지구 공학은 뜨거운 논쟁 한가운데에 있는 기술이야.

전 세계 온실가스 배출 순위

빙하의 운명을 결정하는 최대 변수는 바로 온실가스야. 그런데 2024년 인류가 배출한 이산화탄소의 양이 사상 최대로 나타났어. 국제에너지기구(IEA)의 조사에 따르면 화석 연료로 인한 배출량은 374억 톤으로 추정돼. 2023년보다 0.8% 증가한 수치야. 2020년은 코로나19로 세계 경제가 움츠러들며 탄소 배출량이 잠시 주춤했지만, 팬데믹이 끝나자마자 다시 배출량이 원점으로 돌아갔어. 결국 지금은 탄소를 많이 쓰는 경제 구조가 폭주하고 있어.

2024년 이산화탄소 배출량이 최고치에 달한 이유는 인도 등 개발도상국의 석탄 발전량이 급증했기 때문이야. 경제 회복을 위한 불가피한 선택이었다고 해도 탄소 중립과 탈석탄으로 가고 있는 지금 분위기에 역행하는 선택이 아닐 수 없지.

한 가지 다행스러운 소식도 있어. 미국과 유럽은 전기 자동차 보급 등 재생 에너지 사용 비중이 빠르게 늘어나고 있거든. 만약 화석 연료만 사용했다면 이산화탄소 배출량이 지금보다 세 배 이상 늘었을 거라는 분석이 나오고 있지. 특히 유럽과 미국 등 선진국은 경제가 계속 성장하면서도 탄소 배출량은 줄어들고 있어. 유럽은 강력한 재생 에너지 보급 정책 덕분에, 미국은 석탄 대신 천연가스를 많이 쓰면서 이런 변화가 가능했던 것으로 보여.

이번에도 탄소 배출량 1위는 중국, 2위는 미국, 3위는 인도가 이름을 올렸어. 우리나라는 아직 정확한 통계가 나오진 않았지만, 전 세계 9~10위 정도야.

중국은 배출량 자체는 많지만 경제의 중심축을 환경 친화적인 방향으로 전환하면서 증가세가 주춤하고 있어. 탄소 배출량 증가세가 완만해진 미국과 달리 중국의 경우 태양광이나 전기자동차 등 재생 에너지 기술 개발에 앞장서고 있지만 아직은 탄소에 의존하는 경제가 우위에 있거든. 그렇지만 시간이 지나면 중국 경제도 빠른 속도로 전환될 게 분명해. 중국 정부 역시 2060년에 탄소 중립을 달성하겠다고 선언했지. 중국은 저렴한 태양광 패널이나 가성비 좋은 전기 자동차를 개발해 세계 시장을 장악하고 있어. 세계의 공상으로 불리는 숭국이 기후 대응의 주역이 될 날도 머지않았어.

우리의 재생 에너지 성적표

2024년 전 세계 신규 태양광 발전 용량은 2023년보다 32% 증가해서 1,865기가와트에 달했어. 풍력 발전 또한 11.1% 증가했는데 미국에서는 풍력과 태양광 발전량이 처음으로 석탄 발전량을 넘어섰어. 전 세계적으로 재생 에너지 발전량은 전체 전력 소비량의 40%를 돌파했지. 화석 연료에 의지하던 경제가 서서히 바뀌고 있는 거야. 우리 주변을 봐도 그래. 대형 버스나 트럭도 전기 자동차로 대체되고 아파트에 전기차 충전소가 점점 늘고 있지. 지붕이나 건물 곳곳에 설치된 태양광 패널도 더 이상 낯설지 않아.

화석 연료가 역사의 유물로 사라질 수 있을지는 탄소 중립 정책에 달려 있어. 2015년 12월 제21차 유엔 기후 변화 협약 당사국 총회에서 전 세계 195개국이 파리 협정에 동의했잖아. 이제 탄소 중립을 하겠다는 약속을 얼마나 잘 이행하느냐에 우리의 미래가 달려 있어.

우리나라는 '1.5도 온난화'라는 목표를 위해 2030년 에는 2019년 탄소 배출량의 43%를 줄여야 해. 2035년에는 60%, 2050년에는 탄소 중립을 달성해야 하는데 2025년에 탄소 배출량이 정점에 달했어. 앞으로 점점 줄어들지 않으면 이 목표를 이룰 수 없어. 하지만 아직 재생 에너지가 차지하는 비율은 10%도 안 되고 대부분 석탄과 천연가스, 원자력 발전에 의존하고 있어.

우리 정부는 탄소 중립을 위해 2030년까지 재생 에너지 비율을 20%로 끌어올리고 2050년에는 80% 수준까지 높이기로 했어. 이를 위해 전력을 저장하는 장치(ESS) 등 설비를 개발하고 보급하는 데에만 300조 원의 예산이 필요하다는 전망이 나왔지.

탄소를 배출하지 않는다는 이유로 원자력 발전을 재생 에너지로 보고 지원하는 정책은 혼란만 키우고 있어. 탄소 중립은 국가의 운명을 결정할 아주 중요한 목표인데 정부가 바뀔 때마다 정책이 바뀐다고 생각해 봐. 지속 가능한 에너지 산업을 키우기가 어렵겠지? 이럴 때 필요한 건 바로 국민의 단호한 결단과 큰 목소리야. 정부도, 국회도 결국은 국민이 바꾸는 거야. 국민이 원하고 요구하면 정치권과 기업도 변할 수밖에 없기 때문이지.

우리나라에선 전기 자동차가 널리 보급된다고 해도

반가워할 수 없어. 전기의 대부분이 화석 연료로 생산되니 알고 보면 깨끗한 에너지가 아니기 때문이지. 죄책감 없이 당당하게 전기 자동차를 타려면 재생 에너지를 늘리기 위한 정책이 필수겠지? 재생 에너지는 더 이상 비싼 에너지가 아니야. 오히려 전 세계가 개발과 사용을 확대해 가고 있는 대세 에너지야. 우리가 원한다면 바꿀 수 있어. 우리의 행동으로 북극과 남극, 고산 지대에 있는 빙하를 지킬 수 있어.

채식으로 빙하 구하기

농업 분야에서 가장 많은 온실가스가 나오는 분야는 바로 축산업이야. 예전에 소의 트림과 방귀가 온난화의 주범이라는 말이 있었는데, 소화를 시키는 장내 발효 과정에서 많은 메테인과 이산화탄소가 배출되기 때문이지. 소의 입장에선 억울할 수 있지만 사실인걸. 게다가 축산 분뇨에서도 메테인이 뿜어져 나오니까. 소고기 1kg을 생산하는 과정에서 60kg의 온실가스가 배출되는 것으로 추정돼. 이 수치는 모든 가축 가운데 가장 많은 양이지. 양고기가 24.5kg으로 그 뒤를 잇고 치즈 등 유제품도 많은 온실가스를 배출해.

축산업에서 배출된 온실가스는 전체 배출량의 20% 정도를 차지해. 이 말은 우리가 식단을 바꾸기만 해도 20%의 온실가스를 줄일 수 있다는 뜻이야. 전 세계인이 동물성 식품을 먹지 않으면 약 80억 톤의 온실가스를 줄일 수 있다니 놀랍지? 하지만 말처럼 쉽지 않을 거야. 특히 여러분처럼 한창 성장하는 시기에는 고기 같은 단백질을 충분히 섭취하는 게 좋으니까. 그런데 우리가 정말로 그렇게 많은 고기를 먹고 있을까. 1960년대만 해도 7,000만 톤이었던 전 세계 고기 생산량은 2020년대 들어 3억 톤 이상으로 네 배 넘게 늘었어.

세계보건기구(WHO)는 축산업에서 발생하는 온실가스를 줄이기 위해 채식 식단을 권장하고 있어. 하루 400g의 과일이나 채소를 섭취하고 50g 이하의 설탕과 43g 이하의 고기를 먹으라는 내용이지. 만약 전 세계인이 이 식단을 따를 경우 탄소 배출량이 최대 70%까지 줄어들 수 있다는 연구 결과도 나왔어. 만약 4인 가족이 일

주일에 하루라도 채식 식단을 실천하면 자동차를 5주 정도 사용하지 않은 효과를 거둘 수 있다고 해.

소를 키우는 과정에는 엄청난 물도 필요해. 소고기 1kg을 생산하기 위해서는 물 1만 5,415리터가 들어가는데 토마토 1kg에는 물이 214리터만 있어도 충분하거든. 지구에 존재하는 담수의 70%는 농업과 축산업에 들어가는데 대부분 고기 생산에 사용되고 있어. 또 소를 키우기 위해 숲을 베어 내고 농장을 만들면서 숲이 흡수하던 탄소도 고스란히 대기 중에 쌓여 가고 있단다. 오늘의 맛있는 소고기 요리 한 끼가 지구에는 여러 가지 측면에서 영향을 주고 있어. 아예 채식을 하라고 강요할 수는 없겠지만 지금보다 고기나 유제품을 조금씩 덜 먹는다면 어떨까? 건강을 챙기고 지구도 구할 수 있을 거야.

탄소 흡수하는 나무의 힘

식물은 광합성 작용으로 대기 중의 이산화탄소를 흡수하고 산소를 배출해. 우리나라 국토 면적의 60%는 탄소 흡수원인 숲으로 덮여 있어. 국내 숲이 흡수하는 탄소의 양은 매년 6,000만 톤이 넘는데 우리나라 전체 탄소 배출량의 10%에 이를 정도야.

우리나라에 많이 있는 나무들이 단위 면적당 얼마나 많은 이산화탄소를 흡수하는지 산림과학원이 조사했어. 그 결과 상수리나무가 1년에 11.7톤으로 가장 많았고 신갈나무 9톤, 낙엽송 8.9톤, 강원 지방 소나무 7.3톤의 순서로 나타났지.

나무 한 그루가 연간 흡수하는 이산화탄소는 소나무류가 평균 6.6kg, 참나무류는 10.7kg이었어. 일단 소나무 같은 침엽수보다 활엽수인 참나무의 흡수량이 더 높았는데 이산화탄소 1톤을 흡수하기 위해서는 상수리나무 3.9그루, 신갈나무 4.7그루, 낙엽송 5.8그루, 강원 지방 소나무 6.4그루가 필요했지. 우리나라의 온실가스 배출량은 세계 10위 안에 들어. 그러니 탄소 흡수원인 나무를 심어서 온실가스 줄이는 노력을 적극적으로 해야 해. 전략적으로 활엽수를 많이 심는 것도 도움이 될 거야. 활엽수는 침엽수보다 산불에도 강해서 요즘 많이 심는 추세이기도 해. 소나무는 송진이나 솔방울 때문에 불에 타기

쉽거든.

산림청 홈페이지에는 '탄소나무 계산기'라는 탄소 배출량을 계산하는 프로그램이 있어. 일상생활에서 우리가 얼마나 많은 이산화탄소를 배출하는지, 이를 흡수하기 위해 몇 그루의 나무를 심어야 하는지 편리하게 계산해 줘. 비행기를 타고 부산에 갈 경우 1명당 49kg의 이산화탄소를 배출해. 만약 비행기 대신 휘발유 자동차로 가면 66kg로 배출량이 더 늘어나고 기차를 타면 12kg으로 줄어들지. 항공기와 자동차는 부산에 한 번 가는 것만으로도 소나무 한 그루를 심어야 해.

화석 연료를 아무 생각 없이 쓸 때마다 그만큼의 탄소를 흡수하기 위해 얼마나 많은 나무를 심어야 하는지 떠올려 보면 어떨까. 국내 여행을 비행기로 가면 온실가스 배출량이 아주 많아. 유럽에서는 단거리 국내 비행을 금지하는 추세라고 앞에서 말했지? 앞으로 비행기 대신 낭만적인 기차 여행을 즐겨 보자.

전 세계가 인정한 '블루카본'

땅에서 울창한 숲이 이산화탄소를 흡수한다면 바다에서는 갯벌이 이산화탄소를 빨아들이고 있어. 바닷속 염생 식물과 해초, 식물성 플랑크톤, 미세조류도 이산화탄소 흡수의 주역이야. 해초류는 바다 면적의 0.1%밖에 안 되지만, 해저 탄소의 10~18%를 저장하지.

블루카본이라는 말을 들어 봤니? 연안에 사는 생물과 퇴적물을 포함한 생태계가 흡수하고 저장하는 탄소를 뜻해. 기후 변화에 관한 정부 간 협의체는 2019년 발표한 〈해양 및 빙권 특별보고서〉에서 블루카본을 온실가스를 줄이는 수단으로 공식 인정했지. 국제적으로 인정받고 있는 블루카본은 맹그로브 숲과 염습지, 잘피림 등 세 종류란다.

열대 지방에 분포하는 맹그로브 숲은 토양 상층 1헥타르 면적에 약 3,754톤의 탄소를 저장할 수 있어. 전 세계 탄소 매장량의 10%에 가까울 정도로 엄청난 양이지. 우리나라에는 서해안과 남해안에 드넓은 갯벌과 염습지, 잘피림이 있어. 갯벌은 밀물 때 바닷물로 덮여 있고 썰물

블루카본으로 알려진 맹그로브 숲(위), 염습지(중간), 잘피림(아래)

때는 육지로 드러나는 연안이나 강 하구의 평평한 지형을 뜻해. 염습지는 갈대 같은 염생식물이 자라는 곳이고 잘피림은 거머리말과 새우말 같은 식물의 군락지야.

갯벌의 경우 이산화탄소 흡수 능력을 공식적으로 인정받지 못하고 있지만 우리 정부는 갯벌을 블루카본에 포함시키기 위해 노력하고 있어. 국내 갯벌은 세계 5대 갯벌 중 하나로 꼽힐 만큼 풍부한 생태계를 자랑하거든. 우리나라 갯벌의 연간 온실가스 흡수량은 48만여 톤에 달하고 염습지는 8,000여 톤, 잘피림은 7,000여 톤으로 추정돼. 합치면 연간 50만 톤에 가까운데 소나무 7,340만 그루가 흡수할 수 있는 양이지.

탄소 중립을 위해 갯벌을 보호하고 염습지와 바다숲을 조성하는 일은 그 어느 때보다 중요해졌어. 갯벌은 다양한 생물들이 살아가는 해양 생태계이기도 해. 해안가 개발이 심해지면서 지난 30년간 갯벌 면적은 20%가량 감소했는데 탄소 중립을 계기로 해양 생태계를 보존하기 위한 노력을 기울여야 해.

풍력 발전으로 이룰 탄소 중립

1990년, 전 세계에서 가장 큰 풍력 발전기는 50미터 높이였어. 그런데 2020년대에 접어들자 280미터로 여섯 배 가까이 높아졌지. 90층짜리 고층 건물과 맞먹을 정도야. 세계 최고 높이의 풍력 발전기는 덴마크에서 만들어졌는데 날개 길이만 115.5미터에 이른다니 놀랍지?

바람은 높은 곳에서 더 강하게 불기 때문에 발전기 높이가 높을수록 발전에 유리해. 풍력 터빈이 커질수록 날개가 회전하는 힘이 커져 더 많은 전기를 생산할 수 있지. 덴마크의 풍력 발전기 한 개만 있어도 유럽 2만 가구에 전력을 공급할 수 있단다. 승용차 2만 5,000대가 배출하는 이산화탄소를 줄일 수 있어. 잘 키운 풍력 발전기만 있어도 탄소 중립이 가능해지겠지?

전 세계에서 가장 많은 이산화탄소를 배출하는 중국도 풍력 발전에 열을 올리고 있어. 높이 264미터에, 날개의 길이가 118미터에 달하는 해상 풍력기가 만들어지고 있단다. 우리나라에서도 높이 130미터의 풍력 발전기를 개발했는데 해상에 대규모 풍력 단지를 만들 계획이야.

전 세계는 공통적으로 해상 풍력에 주목하고 있어. 비싼 돈을 주고 땅을 사지 않아도 되고 소음이나 전파 방해 같은 피해도 줄일 수 있거든. 육상 풍력 단지보다 규모가 커서 전력을 대량으로 생산할 수 있지. 2024년 기준 전 세계 해상 풍력 발전 용량은 1년 전보다 24% 증가한 75.2기가와트에 달했어. 향후 10년 동안 410기가와트 규모의 새로운 해상 풍력 발전 시스템이 추가로 설치될 것이라는 긍정적인 전망도 나왔어. 해상 풍력 발전 용량이 가장 큰 나라는 중국이고 그 뒤를 영국과 독일, 네덜란드, 덴마크 등이 잇고 있어.

우리나라는 제주도와 영광, 군산 등지의 바다에서 124메가와트의 전기를 생산하고 있어. 그리고 2030년까지 해상 풍력 규모를 100배 가까이 많은 1만 2,000메가와트(12기가와트)로 늘리고 세계 5대 해상 풍력 강국으로 도약하겠다는 목표를 세웠지. 이 정도 전력이면 4인 가구 기준으로 약 120만 가구가 하루 동안 사용할 수 있는 양이야.

지구를 화석 연료가 아닌 재생 에너지로 움직이면 고삐 풀린 기후를 제자리로 돌려놓고 인류의 유산인 빙하도 지킬 수 있을 거야. 만약 오래오래 빙하를 보고 싶다면 이 책을 덮는 지금 이 순간부터 빙하를 지키기 위한 실천을 시작해 보자.

틈새 토론

채식 급식을 해도 될까?

기후 위기를 막기 위해 고기 소비를 줄여야 한다는 목소리가 커지고 있다. 학교에서도 '고기 없는 날'을 정해 실천하자는 의견이 나오고 있다.

찬성

학생들이 자연스럽게 환경 보호의 중요성을 배울 수 있어.

반대

모두가 채식을 좋아하는 건 아니니 강요해선 안 돼.

생각 TIP

- 고기 소비가 환경에 어떤 영향을 줄까?
- 학교에서의 실천이 기후에 어떤 변화를 만들까?
- 개인의 식사 선택권은 왜 중요할까?
- 고기를 제한하는 게 최선의 방법일까?

찬성 근거

1) 소고기 같은 육류 생산은 메테인 같은 강력한 온실가스를 많이 배출해. 고기 소비를 줄이면 온난화 속도를 늦출 수 있어. 작은 실천이 모여 큰 변화를 만든다는 과학적 증거도 있어.

2) 학교는 많은 학생이 모이는 곳이라 영향력이 커. 고기 없는 날을 정하면 학생들이 환경 문제에 관심을 가질 수 있어. 친환경 식습관을 자연스럽게 배울 수 있는 좋은 기회야.

반대 근거

1) 식사는 개인의 취향과 건강 상태에 맞춰야 해. 고기 없는 식단을 짜면 일부 학생은 영양 불균형이나 불편을 겪을 수 있어. 식습관을 강제로 바꾸는 건 부담이 될 수 있지.

2) 환경 보호는 중요하지만 고기 제한만이 정답은 아니야. 재활용, 에너지 절약 등 다른 방법도 많아. 강압적인 정책은 반발만 키울 수 있어서 신중해야 해.

사진 출처

다른 인스타그램

뉴스레터 구독

오 도 독 ☺ 10

빙하를 보면 지구가 보여
매머드 멸종부터 기후 난민까지

초판 1쇄   2025년 8월 23일

지은이   신방실

펴낸이   김한청
기획편집   원경은 차언조 양선화 양희우 장민기
마케팅   정원식 이진범
디자인   이성아 황보유진
운영   설채린

펴낸곳 도서출판 다른
출판등록 2004년 9월 2일 제2013-000194호
주소 서울시 마포구 동교로 27길 3-10 희경빌딩 4층
전화 02-3143-6478   **팩스** 02-3143-6479   **이메일** khc15968@hanmail.net
블로그 blog.naver.com/darun_pub   **인스타그램** @darunpublishers

ISBN 979-11-5633-700-3 44000
       979-11-5633-579-5 (세트)

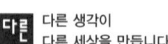

다른 생각이
다른 세상을 만듭니다